Tending

내 신앙과 삶을 안내하는 114가지

내 신앙과 삶을 안내하는 114가지
Tending

초판발행 2024년 3월 15일
초판 1쇄 2024년 3월 20일

지은이 조희완

펴낸곳 물맷돌 / 수엔터테인먼트
발행인 최남철
교정, 교열 윤희숙
디자인 Design HJ

총판 생명의말씀사
출판등록 306-2004-8
주소 서울시 중랑구 망우본동 134-5
구입문의 010-9194-3215

ISBN 979-11-86126-44-8 (03230)

물맷돌은 수엔터테인먼트의 기독브랜드입니다.
이 책은 수엔터테인먼트사가 저작권자와의 계약에 따라 발행한 것이므로
이 책의 내용을 이용하시려면 반드시 저자와 본사의 허락을 받아야 합니다.
잘못된 책은 구입처에서 교환하여 드립니다.

내 신앙과 삶을 안내하는 114가지

Tending

조희완 지음

물맷돌

추천사1

코로나19를 거치고 챗GPT 인공지능으로 충격을 받으면서 한국교회와 성도는 혼란에 빠져 있습니다. 교회 예배가 금지되고 비대면 디지털 예배가 자연스러워진 코로나19 기간을 통과하자마자 챗GPT 인공지능이 새로운 문명 대변혁을 가져오고 있습니다. 새로운 문명은 인류의 존엄성을 유지하기 위해 인간의 역량이 확장되고 인성과 영성이 중요해지는 인류혁명 시대로 급속히 접어들고 있습니다.

이러한 혼란과 대변혁의 시대에 성도들에겐 신앙생활의 지침이 될 영적인 정보와 도움을 주는 안내서가 절실합니다. 이러한 때에 조희완 목사님께서 성도들의 신앙과 삶을 안내해 주는 114가지의 도움을 담은 책 'TENDING'을 저술하셔서 출간하심을 진심으로 환영하며 축하드립니다.

조희완 목사님은 한국교회 싱크탱크 역할을 감당해 오는 미래목회포럼에서 함께 활동하며 자주 뵙고 이 시대에 모범이 되는 목회자로 존경해 오고 있습니다. 특히 미국에서의 이민목회를 접고 지방 도시 마산에 있는 교회로 부임하셔서 아주 역동적인 교회로 부흥시킨 이야기를 들으면서 많은 감동과 도전을 받았습니다.

이번에 목사님이 소명을 가지고 오랜 기간 심혈을 기울여 저술하셔서 새로 출간한 신앙과 삶의 지침서인 본서를 모든 한국교회의 목회자님들과 성도님들께 적극 추천 드립니다.

안종배 _ 국제미래학회 회장/전국기독교수연합회 공동회장/한세대학교 교수

추천사2

번지 점프에서 사용하는 로프는 이를 믿고 뛰어내리는 사람을 놓치지 않을 만큼 튼튼해야 합니다. 그와 동시에 바닥을 찍은 후 중력을 거슬러 올라가는 순간에 겪게 되는 큰 충격을 온전히 흡수해 낼 만큼 로프는 부드러워야 합니다. 따라서 번지 점프에서 사용하는 로프는 '튼튼하면서도 부드러워야 한다'는 모순된 특성을 가집니다. 이러한 모순된 특성을 만족하도록 실제로 가느다란 고무줄 수백 가닥을 촘촘하게 꼬아서 굵직한 번지 점프용 로프를 만듭니다.

청년 시절부터 제가 지켜본 조희완 목사님은 흡사 '번지 점프용 로프'와 같은 분이셨습니다. 크고 작은 어려움을 겪으시면서도 목회자로서의 사명과 바른 길을 끝까지 지켜오신 모습을 보면, 더욱 그렇습니다. 로프에 의지한 채 세상을 향해 용감히 뛰어내리는 사람에게는 언제나 든든하며 씩씩하게 다가옵니다. 그리고 세상에서 상처받고 튕겨져 올라온 사람에게는 늘 부드럽게 다가옵니다. 그런 면에서 이번에 펴내신 책 'TENDING'은 가장 조희완 목사님답습니다. 이 책을 통해서 114가닥의 세심하면서도 부드러운 고무줄을 촘촘하게 꼬아서 튼튼한 로프를 만들어 내고 있습니다. 지난 코로나 3년이 분명 모두에게 힘겨운 시간이었지만 이 과정을 통해서 이러한 책이 준비될 수 있었기에 오히려 축복의 시간처럼 보이기도 합니다. 이 책에 담긴 하나하나의 글을 통하여 섬세하고 부드러운 주님의 음성을 들으셨으면 합니다. 그리고 이 책 전체를 통하여 언제나 든든하게 끝까지 동행해 주시는 주님의 존재를 체험하셨으면 좋겠습니다.

김명주_ 서울여자대학교 교수

추천사3

온 세상이 코로나19로 인하여 한바탕 홍역을 치르면서 인간의 무력함을 느끼게 되고 어쩌다가 이런 것이 대유행을 하게 되었는지 탄식이 절로 터지기도 했습니다. 멘탈이 무너지고 교인들도 예외는 아니어서 영적인 혼돈이 깊이 느껴지는 시대입니다. 이런 때에 그런 부분들을 채워줄 수 있는 책이 출간되어서 너무 기쁘고 감사합니다.

성도들의 신앙이 나태해지거나 영적인 공황이 심한 이때 꼭 필요한 안내서가 필요하다는 생각을 하고 있었는데 충분히 그 역할을 해 줄 수 있는 『TENDING(텐딩)』이란 책이 출간되어서 너무나 기쁜 마음입니다. 'TENDING'은 '…하는데 도움이 되다.'란 뜻인데 제목에 걸맞게 많은 사람들로 하여금 마음의 양식을 얻게 하고 또 성도들에게는 영적으로 바른 신앙생활 하는데 큰 도움이 될 것으로 기대합니다.

오래전부터 지켜본 조희완목사님은 늘 하나님의 비전으로 세계선교 완성을 위해서 전 교인들을 선교비전으로 깨우고 특별히 청년 세대를 깨우고 훈련시켜서 선교사의 삶을 살게 하는 특별한 분입니다. 산창교회와 조희완 목사님을 바라보면 한국교회의 희망을 발견할 수가 있어서 참 좋습니다.

신앙과 삶을 좋아지게 하는 가슴에 와닿는 내용들이 잔칫상처럼 차려져 있는 이 책이 모든 한국교회 목회자들과 성도들에게 유익하고도 남을 것으로 확신하면서 기쁜 마음으로 추천합니다. 할렐루야!

마민호 _ 한동대학교 교수

서문

예전에 정보가 부족한 시대가 있었습니다. 지금이야 인터넷이 발달하여 일명 "검색하면 다 나와"처럼 정말 모든 정보를 거의 다 알 수 있는 시절이 되었습니다. 그러나 그 시절 관공서나 병원 혹은 학교 전화번호를 모르면 무조건 유선 전화기를 돌립니다. 신호가 갑니다.

"따르릉… 따르릉…"
"여보세요. 114 안내원입니다."
"네 마산산창교회 전화번호 좀 알려주세요."
"네 고객님 ○○○-○○○○입니다."
"네 감사합니다."

이렇게 당시 114는 정말 필요한 정보를 알려주는 곳이었습니다. 목회자는 성도들을 위한 영적인 114 안내원이 되어야 하고 교회 역시 세상에 대하여 그래야 합니다.

사실 제가 이 글을 써야겠다고 생각한 그때가 코로나 시절이었습니다. 온 세상을 두려움에 떨게 하고 수많은 사람들을 고통스럽게 하고 급기야 사망으로 몰아넣는 나쁜 대유행이었습니다. 이 코로나19는 우리가 누려야 할 일상의 자유를 다 빼앗아 갔습니다. 모임이 금지되고 예배가 제한을 받고 소상공인들이 심한 타격을 입어서 심각한 고통에 빠져있게 했습니다. 그저 인간의 무력함을 느끼게 되고 어쩌다가 이런 것이 대유행을 하게 되었는지 탄식이 절로 터질 때였습니다.

이런 세계적인 현상을 바라보면서 과연 저는 무엇을 할 수가 있고 무엇을 해야 하는지를 생각하게 되었습니다. 자칫 성도들의 신앙이 나태해지거나 방향을 잡기 어려운 때라서 더욱 절실함을 느꼈던 것입니다. 그래서 그들에게 꼭 필요한 안내서가 필요하다는 생각을 하게 되었습니다. 그것은 TENDING(텐딩)이었습니다. TENDING(텐딩)의 원래 뜻은 '…하는데 도움이 되다.'란 뜻입니다.

'이 코로나의 절체절명의 위기인 시대, 114처럼 꼭 성도들에게 필요한 정보와 도움을 주는 안내서가 필요해…'

그래서 생각날 때마다 한 편씩 적어 놓은 글들이 모이기 시작했습니다. 그것을 성도들과 언론에 알리며 은혜를 나누었습니다. 독자들의 반응이 좋았습니다. 그것이 어느덧 114편이 넘게 되었습니다. 이것은 '텐딩이란 무엇인가'로 시작하여 '텐딩을 위해 해야 할 일들', '텐딩을 방해하는 것들', '텐딩을 위해 좋은 기술들', '텐딩의 결과', '텐딩의 최고봉' 등 삶을 좋아지게 하는 찰진 이야기들이 잔칫상처럼 차려져 있습니다.

끝으로 이 책이 나오기까지 함께 기도와 후원을 아끼지 않으신 산창교회 전 당회원 장로님들과 안수집사님과 권사님, 집사님, 성도님들께 깊은 감사를 드립니다. 또한 늘 세계선교 완성을 위해서 한 비전으로 동역하는 전국 각지에서 목양일념하시는 한국목회자선교협의회 회원 목사님들께도 감사를 드립니다.

   내 삶을 더욱 좋아지게 하는 114가지 지혜의 글이 부디 성도들의 삶을 더욱 지혜롭게 하는 데 일조하길 진심으로 소원 드리며 이제 글을 시작해 보려고 합니다.
   오직 하나님께 영광과 찬양을 올려 드립니다.
   할렐루야!

2024년 3월
팔용산이 바라다 보이는 서재에서
조희완 목사

CONTENTS

추천사 / 4
서 문 / 6

CHAPTER 1   TENDING이란 무엇인가   / 13

감당할 일들 / 감동과 전율 / 감사와 행복 / 견고한 인생 / 경배의 모범 / 분명한 고백 /
기도의 의미 / 생각의 차원 / 올바른 소원 / 수고의 자세 / 신앙의 경주 / 천국의 실상 /
지옥의 실상 / 행복의 수단 / 헌금의 이해 / 휴식의 원리 / 경계의 대상 / 간직할 내용

CHAPTER 2   TENDING을 해야 할 이유   / 51

감사의 이유 / 간구할 이유 / 깨끗할 이유 / 연합의 이유 / 확신의 이유 / 의지할 이유 /
헌신의 이유 / 선교의 사명 / 선택의 기준 / 사모할 대상 / 무지한 청년 / 펜데믹 운동 /
필요한 준비 / 회복의 즐거움 / 조심할 것들 / 자랑의 내용 / 실패의 원인 / 실족 예방책

CHAPTER 3   TENDING을 방해하는 것들   / 89

낙심은 금물 / 망각은 금물 / 의심은 금물 / 방심은 금물 / 무익한 염려 / 방황의 고통 /
남용의 결과 / 오해의 불씨 / 원망 주의보 / 이것이 불효 / 신앙의 적폐 / 조급한 행동 /
중단과 지속 / 차별 금지법 / 불신의 생활 / 걱정과 근심 / 험담 부작용 / 타협의 유혹 /
집착의 허상 / 교만의 결과 / 방탕의 손실 / 분노의 감정 / 비방의 함정 / 불화의 가정 /
음주의 결과 / 정죄와 판단

CHAPTER 4 TENDING을 위한 좋은 기술들 / 143

감사의 일기 / 겸손의 행복 / 만족한 인생 / 면역력 강화 / 구별할 내용 / 권면할 일들 / 담대할 일들 / 봉사의 자세 / 신언의 능력 / 양보의 축복 / 언제나 항상 / 대단한 용서 / 저축할 내용 / 필요한 절제 / 관리의 책임 / 침착한 대응 / 따뜻한 격려 / 칭찬이 보약 / 포기 마세요

CHAPTER 5 TENDING의 성공자들 / 183

주님과 동행 / 아벨의 신앙 / 에녹의 신앙 / 부요할 내용 / 사랑의 계명 / 소싯적 예수 / 어머니와 아들 / 제자의 스승 / 예배의 축복 / 행복한 사람 / 기적의 사람

CHAPTER 6 TENDING의 결과 / 207

결실의 축복 / 성장의 기쁨 / 소중한 평안 / 순종의 결과 / 신뢰의 결과 / 정직의 결과 / 인내의 결과 / 준행의 결과 / 최선의 결과 / 친절의 결과 / 협력의 결과 / 회개의 결과 / 승리의 비결

CHAPTER 7 TENDING의 최고봉 / 235

놀라운 감사 / 대접의 기쁨 / 보혈의 능력 / 부활의 신앙 / 한줄기 소망 / 눈물의 위로 / 자유의 축복 / 전도의 축복 / 주일의 행복 / 중요한 기억 / 충성의 보상 / 침묵의 유익 / 화목의 능력 / 성탄의 목적

CHAPTER 1

TENDING이란 무엇인가

감당할 일들
(고전 10:1-13)

〈폴란드〉의 위대한 문학 작가인 〈생케비치〉가 쓴 작품인 〈쿼바디스〉라는 유명한 소설이 있습니다. 1895년에 로마 제국 시대의 기독교적 신앙을 배경으로 쓴 작품인데 나중에 영화로 제작이 되어서 전 세계 사람들을 감동시킨 바가 있습니다. 그 작품으로 〈생케비치〉는 1905년에 〈노벨〉문학상을 수상하였습니다. 그 작품에서 가장 감동적인 명장면은 바로 박해를 피해서 도망치던 〈베드로〉가 예수님을 만나는 장면입니다.

그 당시 〈로마〉제국을 통치하던 〈네로〉황제가 기독교인들에 대한 적개심을 가지고 박해를 가하자 그곳에서 복음을 전하던 〈베드로〉가 겁을 먹고 〈로마〉 탈출을 시도하게 됩니다. 그의 생각은, "이렇게 박해가 가해지는 곳에서 어렵게 복음을 전하기보다는 다른 곳에 가서 더 많은 사람들에게 복음을 전하는 것이 훨씬 더 낫지 않겠는가?"라는 생각이었습니다. 그런 생각을 품고 정신없이 〈로마〉시내를 막 벗어나려고 하는데 갑자기 누군가가 그의 앞길을 가로막았습니다. 가만히 쳐다보니까 바로 예수님이셨습니다.

〈베드로〉가 너무 놀라서 "쿼바디스 도미네_주여! 어디로 가시나이까?"라고 물었습니다. 그때 예수님께서 대답하시기를, "나는 네가 버린 저 불쌍한 영혼들을 위해서 로마로 가노라"고 말씀하셨습니다. 그 자리에서 〈베드로〉는 자신의 부끄러운 모습을 깨닫고 가슴을 치면서 회개를 했습니다. 그리고 가던 길을 뒤돌아서서 〈로마〉로 들어갑니다. 그곳에서 자신의 사명을 감당하다가 거꾸로 십자가에 못 박혀서 순교를 하였습니다.

끝까지 자신의 사명을 잘 감당했던 〈베드로〉처럼 오늘 우리도 신앙생활 가운데 감당해야 할 일들이 있습니다. 우리가 믿음으로 잘 감당해야 할 것들이 어떤 것일까요? 첫째로, 시험을 잘 감당해야 합니다(고전 10:13). 둘째로, 사명을 잘 감당해야 합니다(행 20:23-24). 셋째로, 은혜를 잘 감당해야 합니다(창 32:9-10). 모든 일을 잘 감당하고 하나님 앞에 승리자로 설 수 있기를 바랍니다.

감동과 전율
(스 1:1-6)

충청북도 단양군에 사시는 〈장영옥〉할머니가 계시는데 올해에 97세가 되신 분이십니다. 이 할머니는 옛날에 학교를 다니지 못해서 글씨를 모르고 평생 자신의 이름 석 자를 써보는 것이 소원이셨습니다. 그런데 며칠 전에 자기 손으로 자신의 이름 석 자를 쓰고 너무 감격해서 울었다는 기사를 보았습니다. 하나를 배우면 둘을 잊어버리는 할머니가 매일 경로당에 나가서 670시간 동안 교육을 받았습니다. 드디어 자신의 이름 석 자를 쓰고 너무 감격해서 울었다는 것입니다. 이제 그 할머니의 다음 목표는 남편의 이름과 자식들의 이름을 배워보는 것이라고 합니다.

그 할머니의 경우를 보면서 생각한 것이 있습니다. 자기 이름 석 자를 쓰고 그렇게 감격하셨다면, 오늘 우리는 더 감격하고 감동할 일이 많은 사람들입니다. 우리 손으로 우리의 이름을 쓸 줄 아는 것뿐만 아니라, 죄인 되었던 우리가 예수그리스도를 믿음으로 구원받고 하나님의 자녀가 된 것은 감사의 차원을 넘어서 감격할 일입니다. 만왕의 왕 되시는 하나님을 나의 아버지로 섬기게 된 것은 매일매일 감격하고 감동할 일입니다.

　마 11:16-17에서 예수님께서 말씀하시기를 "이 세대를 무엇으로 비유할꼬… 우리가 너희를 향하여 피리를 불어도 너희가 춤추지 않고 우리가 애곡하여도 너희가 가슴을 치지 않는다."라고 말씀하셨습니다. 사람들의 감정이 메말라서 도무지 감동이 없고 감격할 줄을 모른다는 말입니다. 이렇게 감사가 없고 감격이 없고 감동이 메마른 시대를 살고 있지만, 예수를 믿고 구원받은 그리스도인들은 매일 감사하고, 감격하고, 감동하면서 살아야 합니다.

　우리에게는 알면 알수록 감동할 수밖에 없는 것들이 있습니다. 사실 감동할 수밖에 없는 것들인데 그동안 우리가 너무 몰라서 소홀히 여긴 것들이 있습니다. 그것이 무엇일까요? 첫째는, 교회를 알면 감동하게 됩니다(스 1:1-6). 둘째는, 성경을 알면 감동하게 됩니다(느 8:5-9). 셋째는, 지옥을 알면 감동하게 됩니다(막 9:45-49). 하나님의 베풀어 주신 은혜를 알고 평생 감동하며 사시기 바랍니다.

감사와 행복
(골 3:12-17)

서양 전설에 다음과 같은 이야기가 있습니다. 하나님께서 어느 날 두 천사에게 빈 바구니 한 개씩을 주면서 한 천사에게는 이 세상에 내려가서 "사람들의 소원을 담아서 오너라"고 했습니다. 그리고 다른 천사에게는 "사람들의 감사를 담아서 오너라"고 했습니다. 얼마 후에 사람들의 소원을 담으러 갔던 천사는 금새 한 바구니 가득히 사람들의 소원을 담아서 돌아왔습니다. 그런데 감사를 담으러 간 천사는 오랜 시간이 흐른 뒤에 돌아왔습니다. 그것도 바구니를 다 채우지도 못하고 말입니다.

이 이야기는 하나님을 향한 사람들의 바램과 기대와 소망은 많은 데 비해서 하나님을 향한 감사와 찬양과 영광은 인색하다는 것을 말해줍니다. 하나님은 모든 사람들이 소원하는 마음보다 감사하는 마음이 많아지기를 바라십니다. 종교 개혁자였던 「요한 웨슬레」는 말하기를 "하나님을 향한 감사를 보면 그 사람의 신앙의 성숙도를 알 수 있다"라고 했습니다. 믿음이 미숙한 사람일수록 바라는 것이 많고 믿음이 성숙한 사람일수록 감사가 많습니다.

오죽하면 하나님께서 사람들을 향하여 "너희는 감사하는 자가 되라"고 명령조로 말씀을 하셨겠습니까? 철이 없는 어린아이들은 아무리 줘도 줘도 고마운 걸 모르고 감사할 줄 모르는 것처럼, 오늘 우리가 한이 없는 은혜를 받았음에도 불구하고 도무지 하나님께 감사할 줄을 모르기 때문에 "너희는 감사하는 자가 되라"고 말씀하신 것입니다. 우리가 진정으로 하나님께 감사하는 자들이 될 때 우리의 인생이 한층 업그레이드될 수가 있습니다.

우리가 왜 하나님께 감사하는 자가 되어야 할까요? 첫째로, 하나님의 분명한 뜻이기 때문입니다(골 3:15-17). 둘째로, 더 귀한 복을 받는 비결이기 때문입니다(눅 17:11-19). 셋째로, 그 분명한 이유를 깨닫고 하나님께 늘 감사하며 사는 여러분들이 되시기를 바랍니다. 감사할 이유들이 너무 많기 때문입니다(시 136:23-26). 어떤 어려운 환경이 밀려와도 감사함으로 행복한 삶을 누리시기 바랍니다.

견고한 인생
(사 26:1-7)

처음 미국에 가서 살면서 아주 이색적이고 신기하게 여겨졌던 것이 바로 모든 집을 다 나무로 짓는 것이었습니다. 전혀 벽돌이나 철골 구조물을 사용하지 않고 개인 주택도 나무로 짓고, 사무실도 나무로 짓고, 아파트도 다 나무로만 짓습니다. 처음 보는 광경인지라 마음속으로 '저렇게 나무로 어설프게 집을 지어서 과연 몇 년이나 가겠나?' 싶었습니다. 그런데 그렇게 나무로 지은 집이나 아파트가 100년이 지나도 멀쩡하다는 사실을 알고 놀라지 않을 수가 없었습니다. 우리나라에서 시멘트와 철골 구조물로 지어도 오십 년을 넘기지 못하는 것과 너무 대조적입니다.

사람들은 누구나 무엇을 구입할 때 "얼마나 견고한가?"를 중요하게 생각합니다. 가령 집을 구입할 때 주변 경관이 얼마나 아름다운가도 살펴보지만 그것보다 얼마나 견고하게 잘 지어졌느냐를 더 중요하게 살펴봅니다. 자동차를 한 대 구입할 때도 얼마나 디자인이 심플한가를 보지만 그것보다는 얼마나 견고한가를 더 중요하게 살펴봅니다. 아이들 장난감을 한 개 구입할 때도 얼마나 예쁜가를 보지만 그러나 얼마나 견고

하고 튼튼한지를 살펴보고 구입을 합니다.

주변 경관이 아름다운 곳에 위치하고 있는 집일지라도 견고하지 못하다면 심각한 문제가 발생할 수 있습니다. 디자인이 아무리 심플한 자동차일지라도 견고하지 못하다면 대단히 위험한 상황에 직면할 수도 있습니다. 아이들이 가지고 노는 장난감 하나도 견고하지 못해서 쉽게 망가진다면 아이들의 마음에 실망감을 안겨주게 될 것입니다. 견고함의 중요성은 집이나 자동차에만 해당되는 것이 아니라 우리의 모든 생활에 다 해당이 됩니다.

우리의 신앙생활과 인생에도 견고함이 필요합니다. 모래 위에 집을 짓는 것처럼 견고하지 못한 신앙은 고난과 시련이 닥쳐올 때 무너지고 말 것이기 때문입니다. 첫째는, 우리의 심지가 견고해야 합니다(사 26:1-7). 둘째는, 우리의 믿음이 견고해야 합니다(롬 4:19-22). 셋째는, 우리의 소망이 견고해야 합니다(고후 1:3-9). 흔들릴 일들이 많은 세상에서 견고한 인생을 사시기 바랍니다.

경배의 모범
(마 2:1-12)

우리나라에서는 해마다 12월이 되면 서울시청 앞 광장에다 성탄 트리를 높이 만들어서 세웁니다. 올해는 한국기독교총연합회에서 그 트리의 크기를 예년보다 더 높게 만들었고, 또 그 트리 꼭대기에 대형 십자가를 만들어서 세웠습니다. 그런데 그 모습을 보고 왜 특정 종교를 상징하는 십자가를 만들어서 세우느냐고 시비를 거는 사람들이 있습니다. 그것을 두고 네티즌들 사이에서는 찬반양론(贊反兩論)이 벌어졌었습니다.

비판하는 사람들에 대한 기독교의 입장은, '석가탄신일(釋迦誕辰日)이 되면 그 시청 앞 광장에다가 불탑(佛塔)을 만들어서 세우고 또 불교를 상징하는 연등(燃燈)을 만들어서 달지 않느냐? 그러므로 예수님이 탄생하신 날을 기념하는 성탄절 트리에 기독교를 상징하는 십자가를 만들어서 세우는 것은 지극히 당연한 것이다'라고 주장을 합니다. 십자가는 기독교의 상징일 뿐만 아니라 예수그리스도를 상징하는 것이기 때문에 기독교적 행사에 십자가를 만들어서 세우는 것은 너무나 당연하고 자연스러운 일이라고 생각합니다.

마찬가지로 해마다 성탄절이 돌아오면 전 세계가 성탄절 분위기에 휩싸이는 모습을 볼 수가 있습니다. 성탄절의 분위기를 느끼게 하는 것들이 많이 있습니다. 거리마다 아름답게 장식되어 있는 성탄 트리, 집집마다 배달되는 성탄 카드, 가게마다 울려 퍼지는 성탄 캐롤송, 산타크로스 등등. 그런데 정작 성탄절의 주인공이신 예수님은 도무지 보이질 않고 있습니다. 오늘날의 성탄절은 예수님이 무시되고 소외당하는 성탄절이 되어버린 것 같습니다.

우리의 성탄절은 예수님이 주인이 되셔서 섬김과 경배를 받으시는 성탄절이 되어야 합니다. 우리가 성탄절의 주인공이신 예수님을 경배하되 어떤 모습으로 경배해야 할까요? 첫째로, 최고의 기쁨으로 경배해야 합니다(9-10). 둘째로, 지극히 겸손으로 경배해야 합니다(11). 셋째로, 극진히 정성으로 경배해야 합니다(11). 경배의 모범을 따라가는 우리에게 하나님의 은총이 가득하시기 바랍니다.

분명한 고백
(마 16:13-20)

우리나라 불교계에서 가장 존경을 받고 큰 스님으로 인정을 받은 사람이 바로 성철스님입니다. 그는 23세에 불교에 입문을 해서 1993년에 82세로 세상을 떠나기까지 대단한 참선과 수행으로 자기를 다스리고 성불(成佛)의 경지에 이르렀다고 인정을 받은 분입니다. 불교에서 성불(成佛)의 경지에 이르렀다는 말은 곧 부처의 경지에 도달한 사람에게 붙여주는 말입니다. 그는 불자들로부터 "우리 곁에 오신 부처"라고 추앙을 받았던 분입니다.

그가 수행을 하는 10년 동안 암자 주위에 철조망을 쳐놓고 자기 부모님이 찾아와도 만나주지 않고 오로지 홀로 수양을 쌓는 데만 집중을 했습니다. 그리고 16년 동안 솔잎과 쌀가루만 먹고 살았습니다. 그리고 무려 8년 동안 한 번도 누워서 잠을 자지 않고 앉아서 잠을 잤습니다. 그야말로 세계 불교사에서 그 유래를 찾아볼 수 없는 초인적인 극기 수행을 했습니다. 그래서 그는 생전에 불교계를 대표하는 최고의 스님으로 인정을 받았습니다.

그런데 그가 죽기 직전 마지막 남긴 고백이 가히 충격적입니다. "나는 한평생 무수한 사람을 속였으니, 그 죄업이 하늘에 가득 차 수미산보다 더하다. 산채로 지옥에 떨어져 그 한이 만 갈래니, 한 덩이 붉은 해가 푸른 산에 걸렸구나."라고 했습니다. 그렇게 절대 추앙을 받던 큰 스님이었지만 자신이 가르쳤던 불교의 교리가 얼마나 거짓된 것인지를 고백하고 싶었던 것입니다. 그래서 그는 죽음을 앞두고 평생 가슴에 품고 있던 갈등과 괴로움을 그렇게 고백을 하고 천추의 한을 안고 세상을 떠났습니다. 그의 죽음이 안타깝지만 자신의 인생을 고백한 그 자체는 칭찬받아 마땅하다는 생각이 듭니다.

우리의 신앙생활 가운데 주님을 향하여 세 가지 분명한 고백이 있어야 합니다. 첫째는, 신앙고백이 분명해야 합니다(마 16:15-16). 둘째는, 사랑고백이 분명해야 합니다(요 21:15-17). 셋째는, 참회의 고백이 분명해야 합니다(요일 1:8-9). 세상이 혼란할수록 주님을 향한 고백이 분명해야 믿음을 지킬 수가 있습니다.

기도의 의미
(시 34:1-6)

각 종교마다 신앙의 대상이 다르고 예배의 방식이 다르지만 동일하게 중요시하는 것이 있는데 그게 바로 기도입니다. 불교는 석가모니를 신봉하지만 염불을 중요시하고, 이슬람교는 알라를 신봉하지만 하루 다섯 번씩 기도를 중요시하고, 무속신앙은 자신들이 받드는 신령님께 주문을 외우며 비는 것을 중요시하며, 우리 기독교는 하나님께 기도하는 것을 중요하게 생각합니다.

신앙생활에 있어서 기도는 매우 중요한 것입니다. 기도가 없는 신앙생활은 바른 신앙이 아닌 하나의 종교 활동에 지나지 않습니다. 자동차가 양쪽 바퀴와 앞뒤 바퀴가 정상적으로 작동되어야 주행하듯이, 정상적인 신앙생활은 말씀과 기도가 병행될 때 가능한 일입니다. 일정하게 음식을 섭취하고 규칙적인 호흡을 해야 삶을 유지할 수 있듯이 말씀을 취하고 규칙적인 기도를 힘써야 정상적인 신앙생활이 가능합니다.

신앙생활 가운데 아무리 강조를 해도 지나칠 것이 없는 것이 바로 기도입니다. 더군다나 신앙생활은 영적 전쟁인데 힘겨운 상대인 마귀를 이기려면 하나님의 은혜와 능력을 힘입어야 합니다. 하나님은 언제나 힘써 기도하는 사람에게 은혜를 입혀주시고 능력을 부어주셨습니다. 성막의 분향 단에 향불과 연기가 꺼지면 하나님의 영광이 성막을 떠났듯이 기도의 불이 꺼지면 하나님의 임재와 역사를 기대할 수가 없습니다. 그러므로 귀찮아도 힘쓰고 하기 싫어도 해야 하는 것이 기도입니다.

특히 그리스도인들에게 있어서 기도는 애국운동입니다. 우리가 성벽 위의 파수꾼처럼 잠잠하지 않고 기도할 때 하나님께 우리나라를 기억하시고 쉬지 않으시겠다고 말씀하셨습니다. 기도의 의미가 무엇입니까? 첫째로, 기도는 하나님과 나누는 대화입니다(시 34:4, 6). 둘째로 기도는 하나님께 올려지는 향연입니다(계 5:8, 8:3-5). 셋째로, 기도는 하나님이 일하시도록 하는 수단입니다(시 62:6-8). 기도를 힘쓰시기 바랍니다.

생각의 차원
(잠 23:7)

　옛날에 한 사람이 나귀를 타고 여행을 하던 중에 어느 한 곳에서 점쟁이를 만나게 되었습니다. 그 점쟁이가 하는 말이 "당신이 타고 가는 나귀가 만일 세 번 방귀를 뀌면 당신은 죽을 것이오."라고 말을 했습니다. 그 말을 들은 여행자는 "웬 별 미친놈의 소리를 다 들어보네."하고 그 점쟁이의 말을 일축해버렸습니다. 그런데 한참을 가다 보니까 나귀가 방귀를 뀌는 것이었습니다. 그 순간 갑자기 점쟁이가 한 말이 생각났습니다.

　그러나 계속 길을 가다가 해가 저물어서 한 여관에서 묵고 가려고 그 앞에 도착을 했습니다. 그런데 나귀가 또 방귀를 뀌는 것이었습니다. 그러자 더욱 점쟁이가 한 말이 생각나서 영 기분이 언짢고 불안한 생각이 들었습니다. 혹시나 점쟁이가 한 말이 맞을지도 모른다는 생각을 하니까 점점 더 불안해지기 시작했습니다. 그래서 나귀가 방귀를 뀌지 못하도록 돌멩이를 수건으로 돌돌 말아서 나귀의 똥구멍을 단단하게 틀어막았습니다.

　여행자는 그날 밤에 영 불안한 생각이 들면서 잠이 오질 않았습니다.

그리고 나귀가 무사한지 궁금했습니다. 그래서 밖으로 나가서 나귀의 꼬리를 들고 똥구멍을 들여다보는데 그때 마침 나귀가 참았던 방귀를 세게 뀌는 바람에 틀어막아 놓았던 돌멩이가 터져 나왔습니다. 그 바람에 머리를 맞아서 그 자리에서 죽고 말았습니다.

이 이야기 속에 담겨있는 교훈이 무엇입니까? 우리의 생각이 우리의 삶에 그만큼 영향을 미친다는 것을 말해주는 것입니다. 좋은 생각을 하면 좋은 영향을 받게 되고 나쁜 생각을 하면 나쁜 영향을 받게 되는 것입니다.

누구나 생각하는 것은 자유지만 그러나 생각이 우리의 삶에 영향을 미치기 때문에 좋은 생각을 하고 바른 생각을 해야 합니다. 우리의 생각을 한번 점검해 볼 수 있기를 바랍니다. 첫째는, 항상 긍정적인 생각을 품어야 합니다(잠 23:7). 둘째는, 항상 신앙적인 생각을 품어야 합니다(렘 6:19). 셋째는, 항상 소망적인 생각을 품어야 합니다(전 9:4). 합당하고 좋은 생각으로 행복한 삶을 사시기 바랍니다.

올바른 소원
(시 37:1-4)

60세가 되신 부부가 생일 파티를 하고 있었습니다. 파티가 끝나갈 무렵 천사가 나타나더니, 부부에게 생일을 축하한다면서 무엇이든지 한 가지 소원을 말하면 생일 선물로 들어주겠노라고 했습니다. 그러자 부인이 먼저 소원을 말했습니다. "천사님, 제 소원은 남편과 함께 세계 일주 여행을 하는 것입니다. 세계 일주를 할 수 있도록 도와주십시오."라고 말했습니다. 그 말이 끝나자마자 남편과 함께 세계 일주를 할 수 있는 비행기 표가 손에 주어졌습니다.

천사가 남편에게 소원이 무엇이냐고 물었습니다. 그러자 남편이 "천사님 저는 늙은 마누라에게 싫증이 났습니다. 저보다 30세쯤 젊은 팔팔한 아내를 허락해 주십시오. 30세쯤 젊은 아내와 함께 사는 것이 제 소원입니다."라고 말했습니다. 그 말을 들은 천사가 아주 곤란한 듯이 한참 있더니 "네가 그토록 소원을 하니 내가 들어주겠노라"고 했습니다. 그 순간 60세였던 자신이 90세 영감으로 변해버렸습니다. 그리고 자기 앞에 30세가 적은 60세 아내가 서 있었습니다. 천사가 "30세 젊은 아내와 잘 먹고 잘 살도록 하여라."고 말하고 떠나버렸습니다.

여러분의 소원은 무엇입니까? 하나님의 사람들에게는 믿음의 소원이 있어야 합니다. 왜냐하면 내 안에 믿음의 소원이 있어야 하나님께서 그 소원을 통하여 일을 행하시기 때문입니다. 내 안에 소원이 없으면 하나님께서 일하시는 것을 체험할 수가 없습니다. 그리고 더 중요한 것은, 어떻게 해야 내 안에 품은 소원이 이루어지고 성취될 수 있는지를 알아야 합니다. 그 방법을 알고 노력하면 반드시 믿음의 소원이 이루어지고 성취될 수가 있습니다.

올해 우리의 마음에 품은 소원이 다 이루어지고 성취되시기를 바랍니다. 우리의 소원이 성취되려면 어떻게 해야 할까요? 첫째로, 생사화복을 주장하시는 하나님을 기뻐해야 합니다(시 37:4). 둘째로, 작은 믿음이 아닌 큰 믿음을 가져야 합니다(마 15:28). 셋째로, 전능하신 하나님 앞에 간절하게 기도해야 합니다(히 5:7, 시 21:2). 우리의 소원이 이루어져서 하나님께 영광을 돌리시기 바랍니다.

수고의 자세
(고전 15:57-58)

　우리가 흔히 주고받는 인사말 중에 "수고하세요"라는 말을 자주 씁니다. 일터를 방문했다가 나올 때나 관공서에 가서 일을 보고 나올 때 그냥 나오기가 뭐해서 일반적으로 "그럼, 수고하세요"라고 인사를 합니다. 그런데 그 인사말은 아주 잘못된 것이라고 합니다. 특히 아랫사람이 윗사람에게 인사를 할 때는 그 말을 써서는 안 된다고 합니다. 왜냐하면 그 말 속에는 "욕을 보세요."라는 의미가 들어있는 욕(辱)이기 때문입니다.

　"욕보세요."라는 말은 엄청난 욕(辱)입니다. 옛날 병자호란(丙子胡亂)때 우리 조선의 처녀들이 오랑캐들에게 끌려가서 윤간(輪姦)을 당한 것을 가리켜서 '욕을 당했다'라고 합니다. 그리고 일제 강점기(日帝時代) 우리 백성들이 일본 사람들로부터 착취(搾取)를 당하고 학대(虐待)를 당한 것을 가리켜서 '욕을 당했다'라고 합니다. "수고 하세요"라는 말 속에는 그런 의미가 담겨있기 때문에 사용해서는 안 된다고 합니다. 실제로 일본에서는 절대로 그렇게 아랫사람이 윗사람에게 인사하는 법이 없다고 합니다.

그래서 오늘 저는 수고라는 한문을 다른 글자로 바꾸어 보았습니다. '성취할(遂) 수'자에다가 '오로지 고(固)' 자를 사용했습니다. 그러니까 "오로지 노력해서 믿음을 성취하자"는 뜻이며, "오로지 노력해서 맡겨주신 직분을 잘 감당하자"라는 뜻입니다. 욕(慾)을 보자는 수고가 아니라 직분을 잘 감당하고 맡겨주신 일을 성취하자는 수고를 말하는 것입니다. 우리가 그런 수고를 할 때 큰 보람이 있고 하나님께서도 크게 기뻐하실 것입니다.

교회에서 직분을 맡겨주는 것은 하나의 계급이거나 명예가 아닙니다. 주님의 몸 된 교회를 위해서 봉사하고 수고하라고 맡겨주는 것입니다. 수고를 하되 어떤 자세로 수고해야 할까요? 첫째로, 기쁨으로 수고해야 합니다(고전 15:58). 둘째로, 겸손으로 수고해야 합니다(고전 15:10). 셋째로, 열심으로 수고해야 합니다(골 1:28, 29). 우리의 수고로 주님의 몸 된 온전한 교회가 세워지기를 바랍니다.

신앙의 경주
(히 12:1-3)

우리나라에서 2005년도에 개봉이 되어서 많은 국민들의 마음을 감동시킨 '말아톤'이라는 영화가 있습니다. 그 영화는 2급 정신지체 장애를 가지고 있는 배형진 씨의 삶을 영화로 만든 것입니다. 배형진 씨가 처음으로 세상에 알려진 것은 2001년도 춘천 국제마라톤 경기에서입니다. 그 당시 그의 나이가 불과 16세였으며 2급 정신지체 장애인이었는데 마라톤 풀코스를 완주해서 사람들을 놀라게 했습니다. 그래서 많은 주목을 받았고, 그 이듬해에는 철인 3종 경기에도 출전을 해서 풀코스를 완주했습니다.

그 배형진 씨의 삶이 모든 장애인에게 꿈과 희망을 심어줄 수 있다고 판단을 해서 "말아톤"이라는 영화를 제작하게 되었습니다. 당시 북한의 김정일 국방위원장이 알려진 바대로 영화광인데 그 영화를 보고 큰 감명을 받았다고 합니다. 그래서 작년에는 배형진씨가 평양국제마라톤 경기에 특별 초대를 받아서 경기에 참여하기도 했습니다. 그는 정상인들도 해낼 수 없는 일을 해냄으로써 인간 승리의 주인공이 되었습니다.

그가 인간 승리의 주인공이 될 수 있었던 것은 그의 어머니의 눈물어린 노력과 헌신이 있었기 때문입니다. 사실 배형진 씨는 지능이 4살 아이 정도밖에 안 되는데, 그 아이를 어떻게 세상에서 당당하게 살아갈 수 있게 할까를 생각하다가 달리기에 소질이 있음을 알고 직접 훈련을 시켰던 것입니다. 아들에게 너무 가혹한 훈련을 시키는 것 때문에 친어머니가 아니고 계모라는 소리를 듣기도 했습니다. 그러나 그 어머니의 헌신으로 오늘의 그가 있게 된 것입니다.

우리의 신앙생활은 마라톤 경주와 같습니다. 우리는 이 믿음의 경주에 반드시 승리하는 사람들이 되어야 합니다. 어떻게 하면 이 믿음의 경주에서 승리할 수가 있을까요? 첫째는, 준비가 철저해야 합니다[1]. 둘째는, 인내를 발휘해야 합니다[1]. 셋째는, 목표가 분명해야 합니다[2]. 코로나19처럼 어려운 상황을 맞이할 때 우리 모두 신앙의 경주를 완주하고 주님 앞에 승리자들로 서시기 바랍니다.

천국의 실상
(계 21:1-8)

　삼성그룹을 창업해서 세계적인 기업으로 발전시킨 분이 故이병철 회장입니다. 그가 1987년 77세에 타계하기 약 한 달 전에 A4용지 약 5장 분량으로 작성된 내용이 있는데 모두 24개 항목으로 되어있습니다. 그가 남긴 질문은 뜻밖에도 전부 다 종교에 관한 내용들이었습니다. 하나님의 존재에 관한 것과 인간이 죽은 후에 영혼은 죽지 않고 천국이나 지옥으로 간다는 것을 어떻게 믿을 수 있나 등등이었습니다. 그런데 안타깝게도 결국 그 질문에 대한 답을 듣지 못하고 타계하고 말았습니다.

　우리가 예수그리스도를 믿는 목적은 구원받고 천국에서 영생 복락을 누리기 위해서입니다. 만약 영원한 천국과 지옥이 없다면 굳이 하나님을 믿어야 할 이유가 없을 것입니다. 지옥과 천국은 가상의 나라가 아니고 실제하는 나라입니다. 그러므로 세상 나라 국적을 가진 것보다 천국 시민권을 갖게 된 것을 더 기쁘게 여겨야 하고 그에 대한 확신과 자부심을 갖고 세상을 살아야 합니다.

　예수님께서 말씀하시기를 능력을 행하고 귀신을 쫓아내는 것보다 우리의 이름이 생명책에 기록된 것으로 인하여 더욱 기뻐하라고 말씀하셨습니다. 그렇습니다. 천국은 예수그리스도를 영접하고 생명책에 이름이 기록된 사람만 들어갈 수가 있습니다. 그 어떤 다른 수단이나 방법이 없습니다. 아무리 귀신을 쫓아내고 능력을 행하더라도 천국에 갈 수가 없다면 아무 소용이 없습니다.

교인들 중에는 의외로 천국을 확신하지 못하는 분들이 있고 또는 천국을 믿지만 천국의 실상을 알지 못하는 분들이 있습니다. 천국의 실상을 알아야 박진감 넘치는 신앙생활을 할 수가 있습니다. 첫째로, 천국은 지금의 세상과 전혀 관련이 없는 신천 신지입니다(계 21:1-8). 둘째로, 천국은 하나님의 영광이 가득하고 각종 보석으로 꾸며진 찬란한 곳입니다(계 21:9-27). 셋째로, 천국은 하나님과 함께 영원토록 왕 노릇하는 곳입니다(계 22:1-5). 오늘도 내일도 오직 천국 소망으로 사시기 바랍니다.

지옥의 실상
(막 9:43-49)

종교를 초월해서 모든 사람들이 궁금해하는 것이 있는데 '과연 사후의 세계란 존재하는가?'입니다. 죽음 이후의 세계를 인정하는 사람이 있는가 하면 인정하지 않는 사람들이 있습니다. 예수님 당시 사두개파 사람들은 사후 세계를 인정하지 않았습니다. 초대교회 당시 대표적인 이단으로 여겨졌던 영지주의자들도 사후세계를 인정하지 않았습니다.

2017년도 개봉되어서 약 천 사백만 관객을 동원한 〈신과 함께, 죄와 벌〉이라는 영화가 흥행을 이루었는데, 그 영화의 내용을 보면 사람이 사후 약 일곱 차례의 심판을 거치면서 지옥을 가는 것으로 묘사되어 있습니다. 현실 세계가 존재하는 것처럼 사후 세계가 분명히 존재하고 있음을 믿어야 합니다. 우리 기독교는 사후 세계를 인정하고 믿고 있습니다.

성경은 지옥과 천국이 분명히 존재하고 있음을 인정합니다. 우리는 그 사실을 의심하지 않고 믿어야 합니다. 만약 하나님을 믿으면서도 사후 세계를 믿지 못하거나 지옥과 천국을 인정하지 않는다면 성경적인 신앙이 아닌 것입니다. 우리의 죄를 담당하신 예수그리스도를 영접한 사람은 영원한 천국에서 영생의 복락을 누리고 예수그리스도를 영접하지 않는 사람은 지옥에서 영원한 형벌을 받게 됩니다. 그것을 믿기 때문에 예수그리스도를 믿고 신앙생활을 포기하지 않는 것입니다.

　지옥이 존재한다면 과연 어떤 곳인지를 알아야 합니다. 지옥의 실상을 알게 된다면 결코 신앙생활을 소홀히 할 수가 없고 바른 신앙생활을 하기 위해서 노력하지 않을 수가 없습니다. 첫째로, 지옥은 구더기가 득실거리는 끔찍한 장소입니다(막 9:48). 둘째로, 지옥은 불로 소금 치듯 하는 고통의 장소입니다(막 9:48, 49). 셋째로 지옥은 슬픔과 탄식만 가득한 장소입니다(마 25:30). 그러므로 범죄한 손을 찍어버리더라도 지옥에 가지 말라고 기록하고 있습니다. 지옥의 실상을 알고 바른 삶을 사시기 바랍니다.

행복의 수단
(신 10:12-22)

19세기 세계적으로 유명했던 음악가 중에 한 사람이 바로 〈베토벤〉(1770-1827년)입니다. 그의 음악적인 천재성은 널리 알려져 있습니다. 〈베토벤〉 음악의 특징은 처음 도입 부분이 우울하고 슬픈데 비해서 마지막 부분은 언제나 환희(歡喜)에 가득 차 있다는 것입니다. 그는 수많은 불후의 명곡들을 남겼는데, 그가 남긴 명곡들은 그냥 만들어진 것이 아니고 다 고통(苦痛)의 산물(産物)이었습니다.

그의 아버지는 알코올 중독자였고, 어머니는 그의 나이 17세 때 폐결핵으로 세상을 떠났습니다. 그리고 〈베토벤〉은 나이가 30세가 되었을 때 완전히 청력(聽力)을 잃고 모든 소리를 들을 수 없게 되었습니다. 음악가로서 소리를 듣지 못한다는 것은 거의 사망선고와 같은 것이라고 할 수 있습니다. 그리고 그는 평생 독신으로 살다가 나이 57세가 되었을 때 육신의 병이 들어서 쓸쓸하게 죽고 말았습니다.

〈베토벤〉의 인생 이력을 살펴보면 참 불행한 삶을 살다 간 사람이라는 생각이 듭니다. 그런데 그는 자신이 불행한 인생을 살았다고 생각하지 않았습니다. 그가 죽으면서 마지막으로 한 말은 "내 인생에 참 괴로움이 많았지만 그러나 나는 항상 괴로움을 뚫고 기쁨을 발견했다. 그래서 나는 행복했다"라고 말했습니다. 남들이 그를 가리켜서 불행한 사람이었다고 말하더라도 그 자신이 "나는 행복했다"라고 말한다면 그는 분명 행복한 사람입니다. 그가 그렇게 괴로움 가운데서 기쁨을 발견할 수 있었던 것은 바로 하나님을 믿는 믿음이 있었기 때문입니다.

세상 모든 사람들이 행복한 인생을 살기 원합니다. 어떻게 하면 행복한 인생을 살 수가 있을까요? 성경은 어떻게 우리가 행복해질 수 있는지를 가르쳐주고 있습니다. 첫째는, 하나님 말씀을 순종하면 행복해집니다(신 10:12-13). 둘째는, 최후의 약속을 생각하면 행복해집니다(신 33:27-29). 셋째는, 구원의 은혜를 생각하면 행복해집니다(롬 4:6-9). 하나님 안에서 우리 모두 행복하시기 바랍니다.

헌금의 이해
(대상 29:6-14)

한 유대인이 심하게 흔들리는 출렁다리를 조심스럽게 건너가고 있었습니다. 다리를 무사히 건너가기는 해야겠는데 너무 바람에 흔들리는 바람에 겁이 나서 도저히 건너갈 수가 없었습니다. 그래서 하나님께 기도하기를 "하나님, 만약 이 다리를 무사히 건너가게 해 주신다면 십만 원을 헌금으로 바치겠습니다."라고 말했습니다. 그런데 다리를 절반쯤 건넜을 때 마음에 갈등이 생기면서 "십만 원은 너무 많으니까 오만 원만 헌금으로 바치겠습니다."라고 기도를 바꾸었습니다.

다리를 2/3쯤 건넜을 때는 오만 원 바치기로 약속한 것을 후회하면서 그 절반인 이만 오천 원만 헌금으로 바치겠다고 말을 바꾸었습니다. 그 때 갑자기 돌풍이 불어서 다리가 출렁하고 몹시 흔들렸습니다. 그러자 유대인이 깜짝 놀라서 하나님께 말하기를 "아이쿠, 하나님 농담으로 해 본 말을 가지고 왜 이러십니까?"라고 했다는 것입니다. 이 우스운 이야기 속에 담겨있는 교훈이 있다면, 사람은 돈 앞에 간사하기 그지없다는 것입니다. 그리고 하나님께 바치는 헌금을 너무 아까워한다는 것입니다.

사람이 돈 때문에 울기도 하고 웃기도 하고 완전히 돈의 노예가 되어서 돈 앞에 맥을 추지 못합니다. 따지고 보면 돈은 다 하나님의 것인데 그 돈이 마치 자기 것인 양 욕심을 부리기도 하고 허세를 부리기도 합니다. 성경에 보니까 물질은 하나님께서 원하실 때 바치라고 주신 것임을 알 수가 있습니다. 이스라엘 백성들이 출애굽을 할 때 그동안 고생한 대가로 금은보화를 주셨는데 나중에 보니까 성막을 건축할 때 바치라고 주신 것이었습니다.

우리가 신앙생활을 하는데 있어서 헌금에 대한 바른 이해와 믿음이 있어야 합니다. 그래야 신앙생활이 한층 즐거울 수가 있습니다. 헌금이 무엇입니까? 첫째로, 헌금은 신바람 예금입니다(대상 29:6-9). 둘째로, 헌금은 안정성 예금입니다(마 6:19-20). 셋째로, 헌금은 보장성 예금입니다(고후 9:6, 10). 헌금에 대한 이해로 즐거운 신앙생활 이루어가시기 바랍니다.

휴식의 원리
(막 6:30-33)

여러분은 혹시 "휴테크"라는 말을 들어보셨습니까? 재산을 어떻게 모으는가를 연구하고 노력하는 것을 "재테크"라고 하듯이, 어떻게 건강한 휴식을 즐길 수 있느냐하는 것을 "휴테크"라고 합니다. 재테크를 잘하는 사람이 재산을 모으듯이 휴테크를 잘 하는 사람이 건강한 삶을 살 수 있습니다. 휴식할 줄을 모르고 쉴 새 없이 일만 하고 자신을 몰아붙이는 사람치고 건강한 사람이 드물고 결국에는 인생을 실패할 확률이 높다는 것입니다.

요즘 직장인들에게 가장 유행하는 말 중에 하나가 'Relax(긴장으로부터의 해방)'라는 말입니다. 그리고 서점에서 긴장을 푸는 방법에 관한 책들이 베스트셀러가 되고 있습니다. 대부분의 질병이 정신적인 긴장과 스트레스에서부터 오기 때문입니다. 미국의 〈헨리포드〉병원에서 1천 명의 회사 간부들을 대상으로 조사한 결과 30%가 즉시 치료를 받지 않으면 안 될 질환을 갖고 있음이 밝혀졌습니다. 그 원인은 한결같이 과로와 긴장 때문이었습니다.

노동을 "에너지 방출기"라고 한다면 휴식을 "에너지 충전기"라고 할 수 있습니다. 휴대폰도 배터리가 방전되면 다시 충전을 해야 하듯이, 인생을 살아가는데 있어서 휴식이 필요합니다. 휴식은 단순히 쉰다는 의미만 있는 것이 아니고 재충전의 의미를 같이 가지고 있습니다. 사람들이 몸이 허약하면 건강을 회복하기 위해서 보약(補藥)을 먹습니다. 그러나 보약 중에 최고의 보약은 바로 휴식입니다.

현대인들의 생활은 정신적으로 육체적으로 많은 압박과 부담을 주는 것 같습니다. 그렇기 때문에 더욱더 휴식의 필요성을 느끼게 됩니다. 휴식의 원리는 다음과 같습니다. 첫째로, 휴식은 장소가 중요합니다(31). 둘째로, 휴식은 기간이 중요합니다(31). 셋째로, 휴식은 이유가 중요합니다(31). 합당한 휴식으로 보다 생산적인 삶을 사시기 바랍니다.

경계의 대상
(고전 10:1-12)

저명한 직업 강사이며 기업회생 전문가인 〈게리 서튼〉(Gary Sutton)이 쓴 '카나리아의 경고'라는 책이 있습니다. 그 책에 이런 내용이 있습니다. 오래전, 땅속 깊이 탄광 막장에 내려가서 작업을 하는 광부들이 위험에 신속하게 대처하기 위해서 카나리아를 탄광 막장에 데리고 들어갔습니다. 유독성 메탄가스가 유출이 될 때 이 새는 노래를 멈추고 침묵을 지킴으로서 위험을 알려준 덕분에 많은 광부들이 목숨을 구할 수가 있었다는 것입니다.

잘 나가던 기업이 한순간 몰락하는 것은 위험신호를 제때 알아채지 못했기 때문입니다. 기업의 생사는 위험 신호를 얼마나 빨리 알아채느냐에 달려 있다는 것입니다. 기업체뿐만 아니라 세상에 모든 분야가 다 마찬가지입니다. 어려운 일을 당한 사람들마다 하는 말이 "갑자기 이런 일이 일어났다"고 말을 합니다. 그러나 절대로 그렇지 않다는 것입니다. 위험 신호를 알려주는 카나리아의 경고가 분명히 있었는데 그것을 알아차리지 못했기 때문에 갑자기 큰일이 일어난 것처럼 보이는 것입니다.

출애굽에 성공한 이스라엘 백성들이 가나안 땅을 향해 가다가 약속의 땅을 밟아보지도 못하고 불행하게도 광야에서 모두 다 죽었습니다. 그것은 바로 하나님께서 지도자들을 통하여 주시는 경고를 무시하고 듣지 않았기 때문입니다. 그런 이스라엘 백성들의 불행을 성경에 기록해 놓은 것은 바로 오늘 우리에게 '카나리아의 경고'로 들려주시고 생생한 교훈으로 보여주시기 위함이라는 것입니다(6, 11절).

우리가 신앙생활 가운데 경계해야 할 일들이 있습니다. 경계해야 할 것들을 제대로 경계하지 않으면 하루아침에 신앙이 무너지고 맙니다. 무엇을 경계해야 할까요? 첫째로, 미혹을 경계해야 합니다(7, 8). 둘째로, 불평을 경계해야 합니다(9, 10). 셋째로, 교만을 경계해야 합니다(11, 12). 경계를 소홀히 하다가 신앙이 파경에 이르는 일이 없기를 바랍니다.

간직할 내용
(딤후 4:9-13)

오래전에 우리나라에 유명한 법정 스님의 수필집 무소유(無所有)라는 책을 읽고 많은 감명을 받았는데 그 책에 보면 이런 내용이 있습니다. 그 스님이 어느 날 절친한 친구로부터 아주 귀한 난(蘭) 화분 하나를 선물로 받게 되었습니다. 친구의 정성이 담겨있는 데다가 그 난 자체도 너무 귀한 것이라서 정성껏 돌보게 되었는데 하루 이틀 그 난을 돌보다가 자기도 모르게 그 난을 돌보는 재미에 흠뻑 빠져들게 되었습니다.

그런데 어느 한 여름 이른 아침에 그 난을 뒤뜰에다 내어놓고 그만 깜박 잊어버리고 먼 길을 떠나게 되었습니다. 한참 길을 가다가 뒤뜰에 내어놓은 그 난이 생각나서 가던 길을 포기하고 부랴부랴 집으로 달려갔더니 안타깝게도 그 난이 햇볕을 견디지 못하고 축 늘어져 있었습니다. 그날 그 난을 돌보느라고 가야 할 길을 포기할 수밖에 없었습니다. 그 일을 통해서 그가 깨달은 것은, 사람이 무엇을 소유한다는 것은 적지 않게 마음이 쓰이는 것이고 도리어 삶을 부자유스럽게 하는 것이라는 사실을 깨닫게 되었습니다.

그 일이 있은 지 며칠 후 친구에게 그 난을 줘버렸는데 그러고 나니까 비로소 얽매임에서 벗어날 수가 있었다는 것입니다. 그는 그날부터 무소유의 인생을 살기로 다짐을 했다는 것입니다. 무엇을 소유한다는 것은 좋은 것일 수도 있습니다. 그러나 반대로 생각하면 그 무엇인가에 얽매인다는 것입니다. 소유한 것 때문에 우리의 삶이 얽매이다 못해 우리를 부자유하게 하는 경우가 많습니다. 그렇게 되면 완전히 주객이 전도되는 삶을 살게 되는 것입니다.

본문 말씀에 보면 평생 무소유의 삶을 살았던 사도 바울이 소중하게 간직한 것 세 가지가 있습니다. 우리가 인생을 살면서 소중하게 간직해야 할 것은 무엇일까요? 첫째는, 사람을 소중하게 간직해야 합니다(11). 둘째는, 믿음을 소중하게 간직해야 합니다(13). 셋째는, 성경을 소중하게 간직해야 합니다(13). 이와 같은 것으로 인하여 우리를 두렵게 하는 환경적인 겨울을 잘 이겨내시기 바랍니다.

CHAPTER 2

TENDING을 해야 할 이유

감사의 이유
(골 2:6-7)

미국에서 흑인 가운데 가장 장수한 사람이 〈찰리 스미스〉라는 사람입니다. 그는 〈플로리다〉주의 〈바스토우〉라는 곳에서 135세를 살다가 1981년에 세상을 떠났습니다. 그의 일생은 마치 '고통과 고난의 전시장'이라고 할 만큼 참 모질고 험한 인생을 살았습니다. 그는 노예의 신분으로 태어나서 미국의 남부와 서부를 떠돌아다녀야 했고, 백인들로부터 멸시 천대와 모욕을 당하고, 늘 가난하고 먹을 것이 없어서 굶주리고, 수많은 죽을 고비를 넘겨야 했습니다.

그렇게 135년 동안 모진 고생을 하다가 늙어서 죽게 되었을 때, 미국의 유명한 스티븐슨 목사가 그 소식을 듣고 그를 방문하였습니다. 그 자리에서 그는 스티븐슨 목사에게 이렇게 기도하듯이 말했습니다.

"내가 흑인으로 태어난 것을 감사합니다. 고통스러운 노예 생활도 감사합니다. 왜냐하면 나의 평생 동안 어느 한 순간도 하나님이 나와 함께 해 주시지 않은 날이 없었기 때문입니다"라고 고백을 했습니다. 그 고백을 들은 스티븐슨 목사는 자신이 마치 전기에 감전이 된 것처럼 전율을 느꼈다고 했습니다.

  감사하는 마음으로 인생을 사는 사람이 행복한 사람입니다. 아무리 많은 것을 소유하고 풍요를 누리더라도 원망과 불평으로 인생을 산다면 불행한 사람입니다. 그러나 아무리 불행한 사람처럼 보여도 항상 감사하는 마음으로 인생을 산다면 그 사람은 행복한 사람입니다. 인생의 행복과 불행은 소유한 것으로 평가하는 것이 아니라 얼마나 감사하면서 사느냐에 따라서 인생의 행복과 불행을 판단할 수가 있습니다.

  오늘 본문 말씀에서 우리에게 "감사함을 넘치게 하라"고 말씀합니다. 이 짧은 두 구절 말씀 안에 우리가 넘치는 감사를 하면서 살아야 할 충분한 이유가 있습니다. 첫째는, 예수님을 주님으로 받았기 때문입니다(6). 둘째는, 그 예수님 안에 세워졌기 때문입니다(7). 셋째는 생명의 말씀을 받았기 때문입니다(7). 그러므로 늘 하나님 앞에 넘치는 감사로 영광을 돌리시기 바랍니다.

간구할 이유
(막 10:46-52)

며칠 전 우리나라 고3 수험생들이 대학 수능시험을 치르는 날 뉴스를 통해서 대구 팔공산에서 벌어지는 광경을 보았습니다. 대구에 있는 팔공산 정상에 갓 바위라고 이름이 붙여진 묘하게 생긴 바위가 있습니다. 그런데 그 바위 앞에 소원을 빌면 소원이 이루어진다는 낭설을 믿고 수많은 학부모들이 모인답니다. 추위를 무릅쓰고 그 산꼭대기에 올라가서 큰 바위 앞에 아들, 딸 시험 잘 보게 해달라고 간절하게 비는 것이었습니다.

물론 그곳에서 기도하는 학부모들의 그 간절한 자세와 열정은 누구도 말릴 수 없는 대단한 것입니다. 그런데 왠지 안타까운 생각이 들었습니다. 왜냐하면 기도의 대상이 잘못되었기 때문입니다. 그 산꼭대기에 있는 바위가 무슨 소원을 들어준다고 그 바위 앞에 그렇게 손이 발이 되도록 기도를 한단 말입니까? 그 행위는 성경에 기록된 대로 피조물을 조물주보다 더 위하고 높이는 인간의 어리석음을 그대로 드러내는 것입니다.

간구(懇求)는 말 그대로 간절하게 비는 것을 말합니다. 얼마나 간절한 마음으로 비느냐보다는 어떤 분에게 비느냐가 더 중요합니다. 아무리 간절하게 빌더라도 잘못된 대상 앞에 빈다면 결과는 허무할 뿐입니다. 그러나 하나님 앞에 빌고 간구를 한다면 반드시 응답을 받게 될 것입니다. 왜냐하면 하나님은 살아계신 분이시고 전능하신 분이시기 때문입니다. 하나님은 반드시 간구하는 기도에 귀를 기울이시고 응답해 주시는 분이시기 때문입니다.

간구하는 기도를 하는 것은 성경적인 것입니다. 성경 말씀을 보면 간구하는 기도의 사건들이 수없이 기록되어 있습니다. 과연 간구할 때 어떤 결과들이 있게 될까요? 첫째로, 간구하면 우리를 주목해 주십니다(막 10:49). 둘째로, 간구하면 기도를 응답해 주십니다(눅 11:8, 18:8). 셋째로, 간구하면 환경을 회복해 주십니다(대하 33:10-13). 어려운 일들이 많은 이때 기도와 간구로 승리하시기 바랍니다.

깨끗할 이유
(사 1:10-17)

〈부자의 운명으로 갈아타라〉(매일경제신문사)는 책이 있습니다. 이 책은 티벳 불교의 풍수지리학을 근거로 집필된 책인데 전 세계에 번역 출시가 되어서 대단한 각광을 받고 있습니다. 〈빌 클린턴〉 전 미국대통령이 풍수지리학자의 조언을 받아서 백악관 사무실을 개조하고, 〈토니 블레어〉 전 영국 총리 부인 〈셰니 블레어〉 여사는 다우닝가에 있는 총리 관저를 꾸밀 때 풍수 지리전문가들을 초빙하여 그들의 조언을 받은 것으로 알려져 있습니다.

티벳 불교의 풍수지리학에는 다섯 가지의 원리가 있는데, 그중에 제1원리는 '사무실이나 집안의 출입구를 깨끗이 하라'는 것입니다. 출입구인 현관은 좋은 기(氣)가 안으로 들어오는 통로이기 때문에 깨끗해야 한다는 것입니다. 출입구에 폐품이나 여러 가지 잡동사니들이 쌓여 있으면 기의 흐름이 굴절되거나 차단이 되어서 좋은 에너지를 받아들일 수가 없게 된다는 것입니다. 그러므로 부자가 되려면 출입구에 거미줄이나 먼지를 제거하고 깨끗이 하라고 강조합니다. 풍수지리학이 아니고 일반적으로 생각을 해도 출입구가 깨끗한 것은 좋은 것입니다.

깨끗함에 관해서는 다른 어떤 경전들이나 교리들보다 성경이 훨씬 더 많은 강조를 하고 있습니다. 출입구가 깨끗할 때 좋은 기(氣)가 들어온다면, 우리의 영혼이 깨끗할 때 복 있는 인생이 될 수 있습니다. 주홍같이 붉은 죄를 범하였을지라도 예수그리스를 믿으면 눈과 같이 희어질 것이며, 진홍같이 붉은 죄를 범하였을지라도 예수그리스도를 믿으면 양털과 같이 깨끗함을 받을 수가 있습니다. 죄사함 받고 깨끗한 사람이 되면 복 있는 인생이 됩니다.

하나님을 믿는 성도들은 마음이 깨끗해야 하고, 손이 깨끗해야 하고, 행실이 깨끗해야 합니다. 우리가 왜 영·육간에 깨끗한 사람이 되어야 할까요? 첫째는, 깨끗해야 응답을 받을 수 있기 때문입니다(사 1:15, 16). 둘째는, 깨끗해야 열매를 맺을 수 있기 때문입니다(요 15:1, 2, 8). 셋째는, 깨끗해야 쓰임을 받을 수 있기 때문입니다(딤후 2:20, 21). 거짓과 불법이 성행하는 이 시대에 우리 모두 깨끗한 삶을 사시기 바랍니다.

연합의 이유
(시편 133:1-3)

사이좋게 지내던 눈과 코가 어느 날 싸움을 하게 되었습니다. 코가 눈을 보고 말했습니다. "너는 양쪽에 쑥 들어가 있어서 볼품이 없구나, 얼굴이 잘생겨 보이는 것도 다 내가 이렇게 보기 좋게 우뚝 솟아 있기 때문이야."라고 했습니다. 그러자 무시를 당한 눈이 화가 나서 말하기를 "뭐라고? 나보고 볼품이 없다고? 어디 한번 당해볼래?"하면서 눈을 확 감아버렸습니다. 그러자 전봇대에 부딪혀서 코가 깨지고 말았습니다.

깨진 코가 흐르는 코피를 틀어막으면서 생각하니까 분해서 견딜 수가 없었습니다. "지금까지 내가 냄새를 잘 맡아 주었기 때문에 상한 음식을 먹지 않을 수가 있었던 것도 모르고…." 하면서, 자기를 무시한 눈에게 복수할 기회를 찾았습니다. 어느 날 궁리 끝에 똥을 쌈장처럼 만들어서 식탁에 올려놓았습니다. 그러자 볼 줄만 알고 냄새를 맡을 줄 모르는 눈은 그 똥이 된장인 줄 알고 상추쌈에 싸서 아주 맛있게 먹더라는 것입니다.

누가 억지로 꾸며낸 이야기이지만 이 이야기 속에 메시지가 있습니다. 우리의 얼굴에 붙어 있는 이목구비(耳目口鼻)는 생긴 모양이 다르지만 다 필요해서 붙어 있는 것입니다. 이 이목구비가 서로 연합해서 각자 제 기능과 역할을 잘 감당할 때 정상적인 생활이 가능합니다. 이목구비 중에 어느것 하나라도 협력이 안 되거나 제 기능을 제대로 감당하지 못할 때 엄청난 불편을 겪게 됩니다. 그러하듯이 세상만사가 다 그렇습니다. 서로 형편이 다르고 모양이 달라도 서로 연합하고 협력할 때 아름다운 세상이 될 수 있습니다.

우리는 세상에서 서로 다른 삶을 살던 사람들이었는데 예수그리스도 안에서 한 형제가 되었습니다. 그러므로 서로 연합하고 협력할 때 아름다운 교회를 세울 수가 있습니다. 첫째로, 연합은 주님을 감동하게 합니다(시 133:1-3). 둘째로, 연합은 신앙을 성장하게 합니다(골 2:19). 셋째로, 연합은 인생을 유익하게 합니다(전 4:9-12). 사회적으로 우려의 수준을 넘어서는 분열을 봅니다. 우리 서로 분열하지 말고 연합합시다.

확신의 이유
(요 5:19-29)

　2006년 〈토리노〉동계 올림픽에 미국 대표로 참가했던 〈토비 도슨〉선수가 한국에 있는 친 아버지를 찾아서 만났다는 뉴스를 보았습니다. 그는 세 살 때 길을 잃어버렸는데 〈부산〉의 한 보육원에서 생활을 하다가 미국 〈콜로라도〉에서 스키 강사로 일하는 사람의 집으로 입양이 되었습니다. 이탈리아의 〈토리노〉에서 열렸던 동계 올림픽에 미국 대표선수로 참가했다가 동메달을 땄습니다. 그리고 그 자리에서 한국에 사는 친부모를 찾고 싶다는 말을 했습니다.
　그 보도가 나가자 전국에서 약 250여 명이나 되는 사람들이 자신이 친아버지라고 주장하고 나섰습니다. 그 많은 사람들이 다 자기가 친아버지라고 주장을 했지만 막상 유전자 검사를 실시하자고 했을 때 선뜻 나서는 사람이 별로 없었습니다. 그런데 부산에서 시내버스 기사로 일하고 있는 〈김재수〉씨 만큼은 달랐습니다. 유전자 검사를 하나 마나 〈토비 도슨〉은 분명히 자기 아들이라고 자신 있게 주장을 했습니다. 드디어 그가 확신한 바대로 〈토비 도슨〉은 그의 아들임이 입증이 되었고, 서울에서 극적으로 상봉하는 기쁨을 누렸습니다.

저는 그 모습을 보면서 이런 생각을 하게 되었습니다. 〈김재수〉씨가 〈토비도슨〉을 보고 "저 아이는 틀림없는 내 아들이다"라고 확신한 것처럼, 하나님 아버지께서 우리 한 사람 한 사람을 바라보실 때 "누가 뭐라고 해도 너는 내 사랑하는 아들이다"라고 확신하실 수가 있어야 한다는 것입니다. 그렇지 않고 "네가 과연 내 아들인지 아닌지 아주 많이 헷갈린다."라고 하신다면 정말 슬픈 일이 아닐 수 없습니다.

하나님께서 우리를 바라보실 때 사랑하는 자녀들로 확신하시려면, 먼저 우리에게 몇 가지 확신이 있어야 합니다. 다음과 같은 몇 가지 확신이 있으면 틀림없는 하나님의 자녀들입니다. 첫째는, 구원의 확신이 있어야 합니다(요 5:19-29). 둘째는, 천국의 확신이 있어야 합니다(요 14:1-3). 셋째는, 응답의 확신이 있어야 합니다(요일 5:14-15). 하나님이 인정하실 만한 확신이 우리에게 있기를 바랍니다.

의지할 이유
(사 26:1-7)

한자 중에 사람 인(人)자를 보면 똑같은 두 획이 서로 의지하고 있는 모양입니다. 그것은 곧 '사람은 서로 돕고 의지하는 존재'라는 뜻입니다. 사람이 세상을 살아가려면 반드시 인간관계를 맺어야 하고, 그 인간관계 속에서 서로 도움을 주고받으며 서로 의지를 해야 한다는 것입니다. 사람이 홀로 독처하는 것은 하나님이 보시기에 좋지 않다고 했습니다. 서로 좋은 관계를 맺고 서로를 의지하고 살 때 삶의 가치가 더 높아질 수가 있습니다.

그런데 참 희한한 것은, 그렇게 관계를 맺고 서로 의지하고 살아가야 하는 것이 인간임에도 불구하고 누가 나를 의지할 때 부담스러워하고 싫어한다는 것입니다. 아무리 마음씨가 넓은 사람이라도 누가 나를 지나치게 의지할 때 싫어합니다. 싫어한다는 것을 눈치채지 못하고 계속 의지를 하면 틀림없이 눈 밖에 드러나는 존재가 되고 맙니다. 남을 의지하는 사람은 어디를 가더라도 환영을 받지 못합니다. 의지하면 할수록 부담스러워하고 싫어합니다.

그런데 우리 하나님은 어떻습니까? 사람과는 정반대로 하나님은 우리가 전심으로 의지하면 할수록 사랑해 주시고 도와주시고 축복해 주십니다. 사람은 의지하면 할수록 부작용을 낳고 상처를 받지만 하나님은 의지하면 할수록 사랑을 받고 도움을 받고 축복을 받습니다. 그게 바로 하나님과 인간의 차이 중에 한가지입니다. 인간은 인간을 차별하지만 하나님은 사람을 차별하지 않으십니다. 누구든지 다 받아주시고, 언제든지 환영해 주시고, 아무리 의지를 해도 싫다고 하지 않으십니다.

성경에 보면 "여호와를 의지하라"는 말씀이 수없이 많이 기록되어 있습니다. 하나님은 우리가 당신을 의지하는 것을 원하고 계십니다. 우리가 왜 하나님을 의지해야 할까요? 첫째는, 우리의 구원을 보장해 주시기 때문입니다(1). 둘째는 우리의 평강을 보장해 주시기 때문입니다(3). 셋째는, 우리의 인생을 보장해 주시기 때문입니다(4). 불안정한 세상에서 더욱 하나님을 의지하시기 바랍니다.

헌신의 이유
(출 32:25-29)

　흑인 목사이면서 인권 운동가로 유명했던 〈마틴 루터 킹〉목사가 암살을 당하기 바로 두 달 전에, 마치 자신이 암살당하게 될 것을 예견한 것처럼 다음과 같은 설교를 했습니다. "저는 가끔 저의 죽음에 대하여 생각을 합니다. 그리고 저의 장례식 장면을 그려봅니다. 만약 여러분 중에 누가 저의 장례식에 계시다면 부디 장례식을 길게 하지 말아주십시오. 그리고 조사(弔詞)를 하는 사람에게 제가 노벨 평화상을 탄 사람으로 말하지 말아 달라고 부탁해 주십시오. 왜냐하면 그것은 중요한 것이 아니기 때문입니다. 다만 다른 사람들을 섬기는 일에 삶을 바치려고 노력했다고 말해 준다면 감사하겠습니다. 사람들을 사랑하려고 노력했고, 굶주린 사람들을 먹이려고 했으며, 헐벗은 사람들에게 옷을 입혀 주려고 애썼으며, 감옥에 있는 사람들을 방문하려고 노력했고, 인류를 사랑하여 봉사하려고 힘썼던 사람이라고 말해 주시면 감사하겠습니다. 저는 남기고 갈 재물도 없습니다. 또 제 인생에서는 화려하고 사치스러운 것들을 남기고 갈 것도 없습니다. 다만, 헌신된 생애를 남기기를 원합니다."

이렇게 〈마틴 루터 킹〉목사는 참으로 위대한 생애를 살다간 사람입니다. 미국이 개인의 생애를 높이 기려서 국가 공휴일로 지정한 경우는 건국의 아버지로 불리는 〈조지 워싱턴〉과 〈마틴 루터 킹〉 두 사람 뿐입니다. 자존심이 강한 나라인 미국이 한낱 흑인 목사인 그를 그토록 위대한 사람으로 추앙하고 기념하는 것은 바로 헌신된 생애를 살다간 사람이기 때문입니다. 그만큼 헌신은 아름다운 것이며, 위대한 것입니다.

나라를 위하고 사람들을 위한 헌신도 그렇게 아름다운 것이라면 하나님을 위한 헌신은 더더욱 아름다운 것입니다. 우리가 왜 헌신하는 삶을 살아야 할까요? 첫째로, 헌신은 축복받는 조건이기 때문입니다(출 32:29). 둘째로, 헌신은 하나님의 정당한 요구이기 때문입니다(고전 6:19-20). 셋째로, 헌신은 하나님께 인정받는 비결이기 때문입니다(빌 2:25-30). 우리 더욱 하나님께 헌신하는 삶을 사시기 바랍니다.

선교의 사명
(마 28:18-20)

여러분은 삼풍백화점 붕괴사고를 기억하십니까? 때는 1995년 6월 29일 오후 5시 55분경, 서울 강남의 고급 백화점으로 꼽히던 삼풍백화점이 순식간에 무너져 내리는 사고가 있었습니다. 그 붕괴사고로 무려 500명이 넘는 사람들이 사망하였고, 1,000여 명의 중상자들이 발생하는 그야말로 대참사였습니다. 그 사고는 우리나라가 해방된 이후에 단일 참사로는 최대 사망자 수를 기록한 끔직한 일이었습니다.

그 당시 사고의 책임을 물어서 그 백화점 회장과 사장을 구속하였습니다. 회장과 사장은 아버지와 아들 사이입니다. 그 사고가 있은 뒤 아버지와 아들은 감옥에서 복역 기간을 다 채우고 출소를 했습니다. 그런데 그 사고가 그 아들의 삶을 완전히 바꿔 놓았습니다. 그는 교도소에서 복음을 들었고 예수님을 영접하고 독실한 그리스도인이 되었습니다. 그리고 그는 출소한 후 무엇으로 자신의 죄를 속죄할까 기도하다가 선교사가 되기로 결심을 하고 50세에 선교사 훈련을 받고 지금은 가난한 나라 몽골에서 열심히 선교 활동을 하고 있습니다.

하나님께서 한 사람을 복음의 일꾼(worker)으로 부르시는 과정을 살펴보면 참 다양하고 기구하다는 생각을 하게 됩니다. 순탄하게 부르셔서 별 어려움 없이 선교의 일꾼으로 쓰시는 사람이 있는가 하면, 온갖 역경과 시련과 연단의 과정을 거친 후에 부르셔서 선교의 일꾼으로 쓰시는 사람들도 있습니다. 예수님이 말씀하신 대로 지금은 희어져 추수할 때가 되었기 때문에 여러 가지 모양으로 복음 전할 일꾼을 부르고 계시는 것입니다.

우리는 열방을 향한 하나님 아버지의 마음을 가지고 선교하는 삶을 살아야 합니다. 직접 가는 선교사가 되든지 아니면 있는 곳에서 보내는 선교사가 되어야 합니다. 왜냐하면 첫째로, 선교는 예수님의 절대명령입니다(마 28:18-20). 둘째로, 선교는 신앙생활의 필수과목입니다(고전 9:16-18). 셋째로, 선교는 하나님께 빚을 갚는 것입니다(롬 1:14-15). 선교의 사명을 감당하는 우리 교회가 되기를 소망합니다.

선택의 기준
(창 13:1-13)

오래전 미국에서 있었던 일입니다. 어느 주일날 두 젊은이가 도박장을 찾아가고 있었습니다. 그런데 공교롭게도 도박장으로 가는 길목에 한 작은 예배당이 있었습니다. 우연히 그 예배당 입구에 '죄의 삯은 사망'이라는 설교 제목이 적혀 있는 것을 보았습니다. 그것을 보자 한 청년은 죄의식이 생겨서 도박장으로 가는 것을 포기합니다. 그리고 그 교회에 들어가서 예배를 참석했고 그날 예수님을 구주로 영접을 했습니다. 그러나 한 청년은 교회로 들어간 친구를 비웃으면서 도박장으로 가서 밤새도록 도박을 즐겼습니다.

도박장으로 갔던 친구는 그날 이후로 늘 도박장을 전전하다가 큰 죄를 짓고 사형수가 되어서 감옥 생활을 하게 되었습니다. 감옥에서 장기복역을 하고 있던 어느 날 신문에 새로운 대통령이 취임하는 기사를 읽다가 깜짝 놀랐습니다. 왜냐하면 새로 취임하는 대통령이 바로 30년 전 자기와 함께 도박장으로 가던 그 친구였기 때문입니다. 자기와 함께 도박장으로 가다가 교회에 가서 예배를 드렸던 그 친구는 그리스도인이 되었고, 나중에 미국의 대통령이 되었는데 그가 바로 미국의 제22대 대통령과 제24대 대통령을 지낸 〈클리브랜드〉입니다.

 한순간의 선택이 그 두 사람의 인생을 완전히 바꿔 놓았습니다. 한 사람은 잘못된 선택으로 사형수가 되었고, 한 사람은 올바른 선택으로 미국의 대통령이 되었습니다. 지난날 잘못된 선택을 크게 후회했지만 지나가 버린 시간을 되돌릴 수는 없었습니다. 그래서 선택을 한다는 것은 참 중요합니다.

 선택하는 것이 참 중요하지만 올바른 선택을 한다는 것이 그리 쉽지가 않습니다. 우리가 모든 선택을 하는데 있어서 어떤 기준을 따라서 선택하면 될까요? 첫째로, 영적인 유익을 좇아서 선택해야 합니다(창 13:9-13). 둘째로, 장래의 유익을 좇아서 선택해야 합니다(창 25:29-34). 셋째로, 믿음의 결단을 좇아서 선택해야 합니다(수 24:14-18). 바른 선택으로 행복한 인생을 살아가시기 바랍니다.

사모할 대상
(시 19:7-14)

어쩌다가 신세가 처량하게 된 사람을 가리켜서 '낙동강 오리알 신세'라고 말을 합니다. '낙동강 오리알'이란 말에는 다음과 같은 유래가 담겨 있습니다. 6.25전쟁 당시 우리나라 국군과 유엔군이 낙동강에 방어진지를 구축하고 더 이상 물러설 수 없다는 각오로 결사항전의 결의를 다지고 있었습니다. 그때 1개 대대 규모의 인민군이 필사적으로 우리 아군을 공격하기 위해서 낙동강 도하 작전을 시도하고 있었습니다.

치열한 총격전이 계속되고 있을 때 유엔군 전투기에서 네이팜탄을 퍼부어서 적진지를 불바다로 만들어 버렸습니다. 그때 우리 아군 중에 한 대대장이 전투기에서 떨어지는 포탄을 바라보면서 너무 신이 나서 "야! 낙동강에 오리 알이 떨어진다."고 소리를 쳤습니다. 물론 낙동강을 건너려고 필사의 노력을 하던 인민군들도 다 몰살을 당했습니다. 그때 낙동강을 건너려다가 죽음을 당한 인민군들을 조롱하는 말로 '낙동강 오리알 신세'라고 불렀습니다.

우리가 인생을 살면서 무모한 도전을 하거나, 사랑해서는 안 될 사람을 사랑하거나, 믿어서는 안 될 대상을 믿다가 낙동강 오리알 신세가 될 수 있습니다. 성경에 나오는 사람들 중에는 헛되고 무가치한 우상을 섬기다가 낙동강 오리알 신세가 된 사람들이 아주 많습니다. 하나님을 섬기는 사람들은 절대로 그렇게 될 수가 없습니다. 일생 다가도록 사랑하고 섬겨도 절대로 후회하지 않을 분이 있으니 그분이 바로 하나님이십니다. 하나님은 헛된 우상과는 달리 살아계신 분이시기 때문에 하나님을 사랑하는 사람은 절대로 후회가 없습니다.

우리 인생이 낙동강 오리알 신세가 되지 않으려면 반드시 살아계신 하나님을 섬기고 살아야 합니다. 하나님을 섬기는 우리가 신앙생활 가운데 특별히 사모해야 할 것이 있습니다. 첫째는, 주님의 말씀을 사모해야 합니다(시 19:9-10, 벧전 2:2). 둘째는, 성전과 예배를 사모해야 합니다(시 84:1-4). 셋째는, 영원한 천국을 사모해야 합니다(히 11:16). 사모할 것을 더욱 사모함으로 멋진 인생 사시기 바랍니다.

무지한 청년
(살후 1:3-12)

크루즈 유람선을 타고 세계 여러 나라를 여행하는 소원을 가진 한 청년이 있었습니다. 그는 그 꿈을 이루기 위해서 열심히 일을 해서 돈을 모았고 드디어 여러 나라를 유람할 수 있는 티켓을 구입할 수가 있었습니다. 그런데 겨우 티켓은 샀지만 여러 날 동안 먹을 양식이 걱정이었습니다. 다른 사람들은 다 돈이 많아 보였고 식사 때마다 맛있는 뷔페를 즐기는데 그는 겨우 마련해 가지고 간 초라한 비상식량으로 여러 날 동안 끼니를 때워야 했습니다.

목적지에 도착하자 선장이 나와서 손님들에게 일일이 "즐거운 여행이 되셨습니까?"하고 정중하게 인사를 했습니다. 그 청년은 대답하기를 "네, 좋은 구경을 하기는 했지만 경제적으로 여유가 없어서 식사를 제대로 하지 못해서 많이 힘들었습니다." 그러자 선장이 안타까운 표정으로 "이 배 안에 있는 모든 맛있는 음식들은 이미 다 티켓에 포함이 되어있습니다."라고 말을 했습니다. 그 청년이 그 사실을 미처 몰라서 그 특권을 누리지 못했던 것입니다.

오늘날 그 청년과 같은 그리스도인들이 참 많은 것 같습니다. 우리가 예수그리스도를 믿고 구원을 받으면 따라서 누리는 풍성한 축복이 있습니다. 예수님이 이 세상에 오신 것은 우리로 생명을 얻게 하시는 것뿐만 아니라 여러 가지 많은 것들을 풍성하게 주시려고 오셨습니다(요 10:10). 그렇기 때문에 우리가 예수님을 믿으면 구원을 얻을 뿐만 아니라 예수 안에 약속된 더 많은 것들을 풍성하게 누릴 수가 있습니다. 그런데 많은 성도들이 그 사실을 미처 알지 못하고 예수 안에 있는 그 풍성한 축복을 누리지 못하는 것입니다.

구원받은 성도들의 공동체인 교회는 아름다운 것들이 풍성해야 하고, 성도들은 교회를 통해서 그 풍성한 것을 누려야 합니다. 첫째는, 교회는 성도들 간에 서로 사랑이 풍성해야 합니다(살후 1:3). 둘째는, 교회는 자랑할 것들이 풍성해야 합니다(살후 1:4). 셋째는, 교회는 주님의 영광이 풍성해야 합니다(살후 1:12). 우리 교회가 이런 아름다운 것들이 풍성한 좋은 교회가 되기를 소망합니다.

펜데믹 운동
(롬 1:8-17)

몇 년 전 코로나19 사태를 겪었습니다. 그때 너무 많이 들어서 익숙해진 단어가 있는데 바로 '펜데믹(pandemic)'이란 단어입니다. 펜데믹이란, '대유행' 혹은 '세계적인 유행'이란 의미입니다. 처음 중국 우한에서 코로나19 바이러스가 유행한다는 뉴스를 접했을 때 지금처럼 전 세계적으로 대유행을 하거나 온 세상을 두려움에 빠지게 될 줄을 미처 예상치 못했던 일입니다.

코로나19 펜데믹은 누구도 원하지 않는 대유행이었습니다. 온 세상을 두려움에 떨게 하고 수많은 사람들을 고통스럽게 하고 급기야 사망으로 몰아넣는 나쁜 대유행입니다. 이 코로나 펜데믹은 우리가 누려야 할 일상의 자유를 다 빼앗아 갔습니다. 모임이 금지되고 예배가 제한을 받고 소상공인들이 심한 타격을 입어서 지금도 고통에 빠져있습니다. 코로나19 펜데믹으로 그저 인간의 무력함을 느끼게 되고 어쩌다가 이런 것이 대유행을 하게 되었는지 탄식이 절로 터집니다.

이런 세계적인 현상을 바라보면서 우리는 과연 무엇을 할 수가 있고 무엇을 해야 하는지를 생각해야 합니다. 두려워 떠는 사람들이 평안을 누릴 수 있는 펜데믹을 일으켜야 하고, 죽음을 두려워하는 사람들을 생명으로 인도하는 펜데믹을 일으켜야 하고, 전능하신 하나님이 우리에게 은혜를 베풀어 주시고 세상을 이길 수 있는 펜데믹을 일으켜야 합니다. 인류가 위기에 직면할 때마다 교회는 새로운 펜데믹을 일으켜서 위기를 극복해 왔습니다.

 교회는 세상 모든 민족이 구원을 얻도록 복음의 펜데믹을 일으키고 선교의 펜데믹을 일으켜야 합니다. 거짓이 난무하는 세상에 정직운동을 일으켜서 거짓이 사라지게 해야 합니다. 성읍은 정직한 자의 축원으로 진흥한다고 했습니다. 거짓이 정당화되는 사회는 희망이 없습니다. 그리고 우리는 무엇보다 기도의 펜데믹 운동을 일으켜야 합니다. 아무리 우리를 두렵게 하는 일들이 몰려와서 우리가 기도하면 전능하신 하나님께서 도와주십니다. 세상을 살리는 펜데믹 운동에 동참하시기 바랍니다.

필요한 준비
(왕하 4:1-7)

그렇게 무덥던 여름이 가고 어느새 가을이 다가왔습니다. 계절의 변화를 겪고 있습니다. 옛날 어른들이 말씀하시던 세월이 흐르는 물과 같다는 말을 실감하고 있습니다. 가을이 오는가 싶었는데 어느새 지나가 버리고 찬바람이 부는 겨울이 다가왔습니다. 한국에 오면 가을 단풍을 실컷 구경하겠다고 마음을 먹었었는데 어느새 다 지나가 버려서 아쉬운 마음이 큽니다.

여름 내내 푸르고 무성하던 나뭇잎들이 왜 가을이 되면 색깔이 노란색으로 빨간색으로 바뀌는 것일까요? 그것은 바로 기온이 떨어지면서 나뭇잎의 주성분인 엽록소(葉綠素)가 사라지기 때문입니다. 사람들은 나뭇잎의 색깔이 바뀌는 것을 보고 단풍이 물들었다고 감탄하고 좋아하지만, 나무는 추운 겨울을 나기 위해서 월동(越冬) 준비를 하는 것입니다. 추운 겨울을 무사히 견뎌내기 위해서 무성하게 달려있던 잎을 다 떨어뜨리는 것입니다.

차가운 겨울에는 나무가 얼지 않고 무사히 추위를 버텨내기 위해서 일부러 가지 끝까지 물을 공급하질 않습니다. 그러다가 봄이 되면 겨우내 메말랐던 나뭇가지마다 물이 오르게 해서 새싹을 틔우게 됩니다. 이른 봄에 바람이 많이 부는 이유는 바로 나무를 흔들어서 가지마다 물이 오르게 해서 싹을 틔울 준비를 하는 것입니다. 이처럼 인격이 없는 한 그루의 나무도 계절의 변화에 따라서 철저하게 자신의 삶을 준비하는 것입니다.

그렇다면 우리 인간이야말로 시대의 변화를 알고 내일을 준비하는 삶의 지혜가 있어야 합니다. 준비하는 사람이 은혜받는 주인공이 될 수 있고, 준비하는 사람이 내일의 주인공이 될 수 있습니다. 우리가 무엇을 준비하면서 살아야 할까요? 첫째로, 항상 은혜받을 그릇을 준비해야 합니다(왕하 4:3-6). 둘째로, 항상 받은 은혜를 증거할 준비를 해야 합니다(벧전 3:15). 셋째로, 항상 주님 맞이할 준비를 해야 합니다(눅 12:35, 36).

회복의 즐거움
(시 51:10-19)

　사회적으로 이슈가 되었던 〈연평해전〉 영화를 관람했던 적이 있습니다. 2002년도 우리나라에서 월드컵 경기가 진행 중이었고 그 열기가 한창 고조되고 있을 때 서해바다 연평도 부근에서 북한 경비정의 기습 도발이 있었습니다. 누가 보아도 그것은 기습도발이었습니다. 그 기습 도발로 인하여 우리 해군 경비정과 치열한 교전이 벌어졌고 그 교전으로 우리 해군 용사 6명이 전사를 했습니다. 일어나서는 안 되는 일이었고 참 가슴 아픈 일이었습니다.
　그런데 그 교전으로 전사한 용사들에 대한 보상이 제대로 이루어지지 않았고 그 억울함을 견디지 못한 나머지 자녀를 데리고 외국으로 이민을 떠난 전사자 가족도 있었습니다. 세월호 침몰 사고로 사망한 사람들에 대한 특별 보상법이 제정되고 파격적인 보상이 이루어진 것과 비교를 하면 너무나 어처구니가 없는 일입니다. 여행길에 배가 침몰해서 사망한 사람들도 그렇게 특별법을 만들고 특별한 보상을 한다면 나라를 위해서 싸우다 전사한 용사들에게는 마땅히 그에 대한 보상이 이루어져야 합니다.

〈연평해전〉 영화를 보는 내내 가슴에 떠오르는 단어가 있었습니다. "회복"이라는 단어였습니다. 국민들의 기억 속에서 잊혀졌던 사건이 그 영화를 통해서 다시 기억을 하게 되고 전사한 용사들에 대한 예우가 마련이 되어야 한다는 사회적인 움직임이 있어서 참 다행스럽다는 생각을 했습니다. 물질적인 보상도 필요하겠지만 그들에 대한 명예가 회복된다면 그동안 억울함으로 몸서리쳤던 유가족들의 마음에 큰 위로가 되지 않을까 싶습니다.

신앙생활이 힘겹거나 고통스러우면 안 됩니다. 우리가 즐거운 신앙생활을 하기 위해서 반드시 회복되어야 할 부분들이 있습니다. 첫째는, 은혜를 회복해야 합니다(시 51:10-19). 둘째는, 관계를 회복해야 합니다(히 12:14-17). 셋째는, 건강을 회복해야 합니다(시 39:6-13). 이런 부분들이 회복되어서 신앙생활이 즐겁고 인생이 행복하시기 바랍니다.

조심할 것들
(신 6:10-15)

지금까지 약 20년 넘게 자동차 운전을 해오는 중에 몇 차례의 큰 교통사고가 있었습니다. 한 번은 폭우가 쏟아지던 날 새벽 빗길에 사고가 났고, 한 번은 얼음 빙판길에 사고가 났고, 한 번은 미국에서 정말 큰 사고를 당했는데 하나님께서 긍휼히 여기셔서 지켜주셨습니다. 지금도 그때 당시를 생각하면 온몸에 소름이 끼치도록 아찔하기만 합니다. 빗길과 빙판길에서 사고가 났지만 그러나 가만히 그때를 생각해 보면 제가 좀 더 조심을 했더라면 충분히 사고가 나지 않았을 수도 있는 사고였습니다.

교통사고뿐만 아니라 우리 주위에서 발생하는 모든 사건과 사고의 원인을 살펴보면 부주의한 데서 비롯되는 것임을 알 수가 있습니다. 정말 어쩔 수 없이 불가항력적으로 발생하는 사고는 몇 퍼센트가 되지 않습니다. 자동차 보험을 가입할 때 나이가 어린 청소년들에게 보험료를 비싸게 받는 이유가 있습니다. 젊은 청소년들은 활력이 있고 패기가 넘치는데 비해서 조심성이 떨어져서 그만큼 사고 발생률이 높기 때문입니다.

우리는 지금 과학과 문명이 최고로 발달한 이 시대를 살면서 온갖 편리한 문명의 이기(利器)들을 누리고 있습니다. 그러나 돌이켜서 생각을 해보면, 문명의 이기를 누리고 산다는 것은 그만큼 위험한 요소들을 많이 안고 산다는 것이고, 조심해야 할 일들이 많다는 것입니다. 자동차라는 문명의 이기를 이용한다는 것은 분명히 편리합니다. 그러나 위험하기 때문에 그만큼 더 조심을 해야 합니다. 전기라는 문명의 이기를 사용하는 것은 분명히 편리합니다. 그러나 위험하기 때문에 그만큼 더 조심을 해야 합니다.

우리가 조심해야 할 것들이 그런 것만이 아닙니다. 그리스도인으로서 신앙생활 가운데 꼭 조심해야 할 것들이 있습니다. 무엇을 조심해야 할까요? 첫째로, 신앙의 퇴보를 조심해야 합니다(신 6:12-13). 둘째로, 말씨와 언어를 조심해야 합니다(시 39:1, 141:3). 셋째로, 방탕한 생활을 조심해야 합니다(눅 21:34). 조심할 것을 조심하므로 반듯하고 규모있는 삶을 살아가시기 바랍니다.

자랑의 내용
(갈 6:11-15)

'팔불출(八不出)'이란 말이 있습니다. 그 말의 본래 뜻은 제 달 수를 다 채우지 못하고 여덟 달 만에 태어난 아이를 일컫는 '팔삭동(八朔童)'에서 비롯된 말입니다. 그래서 일반적으로 팔불출이라고 하면 '좀 모자라는 사람', '좀 어리석은 사람', 혹은 '좀 덜된 사람', '좀 덜 떨어진 사람'을 가리킵니다.

팔불출에 해당되는 사람들은 다음과 같습니다.

첫째, 자기 스스로 잘났다고 자랑하고 뽐내는 사람

둘째, 자기 마누라 자랑하는 사람

셋째, 자기 자식 자랑하는 사람

넷째, 자기 집안이나 가문을 자랑하는 사람

다섯째, 자기 형제를 자랑하는 사람

여섯째, 어느 학교 누구누구 후배라고 자랑하는 사람

일곱째, 자기가 태어난 고향이 어디라고 우쭐대면서 자랑하는 사람

그런데 "왜 여덟 가지가 아니고 왜 일곱 가지 뿐이에요?"라는 데 대해

서는 "한 가지를 모자라게 해놓음으로써 역시 팔불출이게 했다"라는 답변을 내놓습니다.

팔불출의 내용을 보자면 오늘 여기 모인 우리는 다 팔불출입니다. 왜냐하면 굳이 마누라 자랑이나 자식 자랑이 아니더라도 일곱 가지 중에 한 두 가지는 자기도 모르게 자랑을 하고 다니는 경우가 있기 때문입니다. 그렇기 때문에 현대인들은 누구나 다 팔불출입니다. 더군다나 요즘은 소위 "자기 PR시대"이고, "제 잘난 맛에 사는 세상"이기 때문에 팔불출에 해당되는 것들을 자랑하는 것이 예사로운 일로 여겨지고 있습니다.

그런데 팔불출에 해당하는 그런 내용이 아닌, 우리 그리스도인들이 사람들 앞에 꼭 자랑해야 할 것들이 있습니다. 정말 자부심을 가지고 힘써서 자랑해야 할 것들이 있습니다. 첫째는, 구주 예수님을 자랑해야 합니다(갈 6:13-14). 둘째는, 받은바 은혜를 자랑해야 합니다(롬 15:15-17). 셋째는, 주님의 교회를 자랑해야 합니다(살전 1:7-8). 이런 자랑이 많을수록 행복한 신앙생활을 할 수 있습니다.

실패의 원인
(삼하 6:1-8)

　미국 주류언론인 〈워싱턴포스트〉지에 재미교포 〈최정범〉씨에 관한 스토리가 실렸습니다. 그는 1974년도에 부모님을 따라서 이민을 왔는데 지금까지 여러 가지 일을 시작했지만 번번이 실패를 해야 했고 거기에다 권총 강도를 당해서 죽을 뻔하기도 했습니다. 지금까지 그렇게 수많은 실패를 겪으면서 자살할 생각을 한 적이 한두 번이 아니었다고 합니다.
　그러던 중 몇 년 전 실직상태에 있을 때 교인들과 함께 가난한 나라인 〈스리랑카〉에 선교 여행을 갔다가 그들의 비참한 생활을 목격하고 자신이 미국에서 사는 것만으로도 얼마나 행복한 것인지를 깨달았고 거기서 새로운 결심을 안고 돌아왔습니다. 그리고 하나님께 기도하고 믿음으로 해안경비대 안에 있는 카페테리아를 운영하게 되었는데, 하나님께서 마침내 큰 복을 주셔서 지금은 300명이 넘는 종업원과 연 매출 2천만 달러가 넘는 매출을 올리는 사람이 되었습니다.
　그에 관한 이야기를 보도한 이유는, 미국 경제가 침체되면서 어려움을 겪는 사람들이 너무 많기 때문에 그런 사람들에게 위로와 용기를 심어주기 위해서 보도를 한 것입니다. 옛날에는 '실패는 성공의 어머니'라고 했는데, 요즘은 '실패는 성공의 비결'이라고 말합니다. 실패를 통해서 성공의 비결을 배울 수가 있다는 말입니다. 실패를 하더라도 좌절하거나 포기하지 않으면 반드시 일어설 수가 있고 성공할 수가 있습니다. 우리가 인생을 살면서 모든 것을 다 성공해야 하지만 특별히 신앙생활을 성공해야 합니다. 왜냐하면 다른 것 다 성공하더라도 신앙생활을 실패하면 모든 것을 실패하는 것이기 때문입니다.

하나님의 법궤를 운반하는 그 중요한 일을 수행하다가 죽은 〈웃사〉와 〈아효〉는 신앙생활을 실패한 본보기 인물입니다. 그들이 신앙생활을 실패한 이유가 무엇일까요? 첫째는, 세속주의를 추구했기 때문입니다[3]. 둘째는, 편리주의를 추구했기 때문입니다[3]. 셋째는, 인본주의를 추구했기 때문입니다[6]. 우리의 신앙생활을 위협하는 일들이 많은 이 시대에 모두 신앙생활을 승리하시기 바랍니다.

실족 예방책
(시 121:1-8)

규장문화사에서 발행한 책 중에 〈교회가기 싫은 77가지 이유〉라는 책이 있습니다. 전혀 교회를 다니지 않는 젊은이들의 경우 39가지 이유로 교회를 가기가 싫다고 했습니다. 그중에는 '노방전도하는 모습이 너무 싫다', '술 담배를 못하게 한다', '기독교는 타종교에 대해서 너무 배타적이다', '기독교는 외래문화이기 때문이다', '개척교회들이 과잉 경쟁하는 것이 싫기 때문이다' 등등 모두 39가지 이유로 교회를 가기가 싫다는 것입니다.

그다음에 교회를 다닌 적이 있는 젊은이들의 경우는 약 38가지 이유로 교회를 가기가 싫다고 했습니다. 그중에는 '교회에서 진짜 신앙인의 모습을 볼 수가 없었기 때문이다', '교인들은 재미가 없어서 싫다', '주일에 늦잠을 잘 수가 없기 때문에 싫다', '헌금의 액수에 따라서 사람을 차별하기 때문에 싫다', '이중인격자가 많아서 싫다', '뭔가 달라야 한다는 시선이 부담스러워서 싫다', '꼴 보기 싫은 사람이 있어서 교회가기가 싫다'라는 것입니다.

이 중에서 마지막으로 언급한 '꼴 보기 싫은 사람이 있어서 교회가기 싫다'는 대목을 우리는 새겨서 들을 필요가 있습니다. 이거 정말 교회 생활에 부담되는 대목입니다. 같은 교회를 다니면서 꼴 보기 싫은 사람이 있으면 정말 교회에 가기가 싫어지고, 가더라도 은혜를 받을 수가 없습니다. 그 벽을 넘어서면 성숙한 하나님의 사람이 되지만 그 벽을 넘어서지 못하면 결국 교회를 떠나든지 아니면 실족하게 됩니다. 신앙생활을 실족하게 되는 경우의 대부분이 다 사람 때문에 실망을 하거나 상처를 주고받기 때문입니다.

정말 불행한 일이 있다면 신앙생활하다가 시험에 들거나 실족하게 되는 것입니다. 신앙생활을 하다가 실족하는 일이 없어야 합니다. 실족하지 않으려면 어떻게 해야 할까요? 첫째로, 하나님을 의지해야 합니다(시 121:1-3). 둘째로, 말씀을 따라서 살아야 합니다(잠 4:1-12). 셋째로, 빛 가운데로 다녀야 합니다(요 11:9-10). 평생 신앙생활 하는 중에 실족하여 넘어지는 일이 없기를 바랍니다.

CHAPTER 3

TENDING을 방해하는 것들

낙심은 금물
(눅 18:1-8)

우리나라가 경제대국이 되면서부터 사회적으로 안타까운 현상들이 나타나고 있습니다. 술 소비량이 전 세계 1위, 자동차 사고율이 전 세계 1위, 암 사망률이 전 세계에서 1위, 여성 흡연율 세계 1위, 임신 낙태율 세계 1위라고 합니다. 그리고 자살률이 전 세계에서 1위입니다. 인구 10만 명 당 약 25명이 자살을 하고, 하루 평균 46명씩 자살을 하는 것으로 집계가 되고 있습니다. 참으로 안타까운 일입니다.

자살을 부추기거나 자살할 사람을 찾는 인터넷 사이트가 단속에도 불구하고 172개나 버젓이 운영되고 있습니다. 너무나 자살하는 사람이 많다 보니까 "자살 신드롬"이라는 말이 등장을 하고 "자살 공화국"이라는 말이 유행을 하고 있습니다. 이제는 TV에서 웬만한 자살 뉴스가 나와도 무관심할 정도가 되어버렸습니다. 동방예의지국으로 생명을 존중하던 우리나라가 어쩌다가 이 지경이 되어버렸는지 안타까운 심정입니다.

왜 이렇게 수많은 사람들이 스스로 자신의 목숨을 끊는 것일까요? 사람은 자신의 처지가 막다른 길에 다다랐다고 생각을 하면 낙심을 하고 비관을 한 나머지 스스로 목숨을 끊는 극단적인 행동을 하게 됩니다. 목숨은 내 것이 아니고 하나님의 것인데 그 소중한 목숨을 함부로 끊는 것은 큰 죄가 됩니다. 그래서 성경은 자살하는 것을 금하고 있습니다. 아무리 삶이 힘들어도 스스로 자기 목숨을 끊는 사람은 동정을 받을 수가 없습니다.

자살의 가장 큰 원인이 되는 것이 바로 '낙심(落心)'입니다. 〈키에르케고르〉가 말하기를 '절망은 죽음에 이르는 병'이라고 했습니다. 누구든지 낙심하고 절망하면 죽음에 이르게 됩니다. 성경은 우리에게 낙심하지 말라고 말씀합니다. 첫째는, 기도에 대한 응답이 없을 때 낙심하면 안 됩니다(눅 18:1). 둘째는, 선을 행하다가 낙심하면 안 됩니다(갈 6:9). 셋째는, 신앙생활로 인하여 환난 당할 때 낙심하면 안 됩니다(엡 3:15). 어려운 시대에 믿음을 잘 지키고 승리하시기 바랍니다.

망각은 금물
(전 12:9-14)

사람의 뇌 속에는 기억하는 기능과 잊어버리는 기능이 있습니다. 더 새로운 것을 기억하기 위해서 오래된 것은 잊어버리고, 좋은 것을 기억하기 위해서 나쁜 것을 잊어버리고, 기쁜 것을 기억하기 위해서 슬픈 것을 잊어버립니다. 마치 신선한 공기를 들이기 위해서 묵은 공기를 내보내는 '환기의 원리'와 같은 것입니다. 잘 기억하기 위해서는 잘 잊어버려야 하고, 새것을 기억하기 위해서는 옛것을 잊어버려야 합니다. 훌륭한 사람일수록 기억하는 것보다 망각의 능력이 뛰어나다고 합니다.

음악가 〈슈베르트〉는 지독한 건망증을 가진 사람이었습니다. 새로운 작품을 만들고 약 2주가 지나면 자기가 만든 곡을 다 잊어버릴 정도였습니다. 자기가 작곡한 음악을 가지고 연습을 시키다가도 "여보게, 그 곡이 참 좋은데 도대체 누가 작곡한 것인가?"하고 물을 정도로 건망증이 심한 사람이었습니다. 그렇게 건망증이 심한 그가 많은 불후의 명곡들을 남길 수 있었던 것은, 잘 잊어버리기 때문에 항상 새것을 추구할 수가 있었기 때문입니다.

"사람은 망각의 동물"이라는 말이 있습니다. 끊임없이 새로운 것을 기억하는가 하면 쉴 새 없이 많은 것을 잊어버리고 있습니다. 머리가 좋은 사람이 머리가 돌아버리는 이유는 바로 많은 것을 기억하는데 비해서 잊어버리지 않기 때문입니다. 쉽게 말해서 뇌 속에 메모리 기능의 용량이 넘쳐서 그런 것입니다. 만약 잊어버리는 기능이 없다면 우리도 머리가 복잡하게 될 것입니다. 기억하는 것도 축복이지만 잊어버리는 것도 축복입니다.

그런데 다른 것은 다 잊어버리더라도 절대로 잊어버리면 안 되는 것이 있습니다. 망각하지 말아야 할 것, 평생토록 잊어버리지 말아야 할 것, 반면 잘 기억해야 할 것이 무엇일까요?

첫째로, 사람의 본분을 망각하지 말아야 합니다(전 12:13). 둘째로, 삶의 우선순위를 망각하지 말아야 합니다(마 6:33). 셋째로, 받은바 은혜를 망각하지 말아야 합니다(시 103:2). 우리 모두 좋은 기억 속에 행복한 인생을 가꾸어 가시기 바랍니다.

의심은 금물
(창 3:1-8)

여러분은 지금까지 살아오시면서 누구를 의심하거나 누구로부터 의심을 받아보신 적이 있습니까? 누구를 의심하는 것도 괴로운 일이고 누구로부터 의심을 받는 것도 괴로운 일입니다. 고려시대 학습교재로 알려진 명심보감(明心寶鑑)에 보면, "사람을 의심하거든 쓰지를 말고, 사람을 썼거든 의심하지 말라"는 내용이 있습니다. 사람을 의심한다는 것은 참 불행한 일입니다. 서로를 믿지 못하고 의심한다면 아무것도 이루어질 수가 없기 때문입니다.

가정이 행복하려면 부부간에 의심이 없어야 합니다. 남편이 아내를 의심하면 의처증이 되고, 아내가 남편을 믿지 못하면 의부증이 됩니다. 그렇게 서로를 의심하다 보면 가정이 절대로 행복할 수가 없습니다. 의심을 하면 서로의 관계를 악화시키고 불행하게 만듭니다. 대구의 한 여중생은 반 친구들로부터 의심을 받다가 너무 괴로움을 견디지 못하고 투신하여 자살을 하고 말았습니다. 의심은 인생을 파괴시키는 무서운 마귀의 술책임을 알아야 합니다. 서로를 믿고 신뢰해야 평안하고 행복할 수가 있습니다.

　미국에서 이민생활을 하면서 참 안타깝게 여겨졌던 것은, 한국 사람이 한국 사람을 믿지 못하고 서로에 대해서 의심을 한다는 것입니다. 머나먼 타국에서 같은 한국 사람을 만나면 반갑고 기뻐야 하는데 그러지를 않고 일단 의심을 하게 됩니다. 왜 그런가 하고 살펴보았더니 타국에 와서 정착하는 과정에 같은 한국 사람들로부터 사기를 당하고 배신을 당한 아픔들을 가지고 있어서 그렇다는 것입니다. 안타까운 일이고 불행한 일입니다.

　우리는 신앙생활을 하는데 있어서 의심이 없어야 합니다. 즐겁고 행복한 신앙생활을 하기 위해서는 특별히 다음과 같은 일을 당할 때 의심을 하지 않아야 합니다. 첫째로, 말씀을 받을 때 의심하지 말아야 합니다(창 3:1). 둘째로, 고난을 당할 때 의심하지 말아야 합니다(욥 23:10). 셋째로, 응답이 없을 때 의심하지 말아야 합니다(합 2:1, 3). 밀려오는 의심을 잘 극복하시고 행복한 신앙생활을 이루어가시기 바랍니다.

방심은 금물
(창 33:10-20)

비행기가 활주로를 달려서 이륙하는 데는 3분이 걸리고, 목적지에 도착을 해서 활주로에 착륙을 하는 데는 8분의 시간이 걸립니다. 이 시간을 가리켜서 마(魔)의 11분이라고 하는데, 조종사들이 가장 긴장을 하는 시간이 바로 그 마(魔)의 11분이라고 합니다. 왜냐하면 항공기 사고의 약 75%가 그 마의 11분대에서 발생하기 때문입니다. 그러므로 조종사들이 그 시간에 긴장을 하지 않을 수가 없는 것입니다.

조종사들만 그 시간에 긴장을 하는 것이 아니고 일반 승객들도 그 시간에는 긴장을 합니다. 비행기를 이용할 때 조종사가 얼마나 노련한 사람인지 아닌지는 비행기가 활주로에 착륙할 때 알아볼 수가 있습니다. 초보자의 경우는 비행기가 활주로에 착륙할 때 동체가 요란하게 흔들리고 소음이 심하게 나고 사고가 날까 봐 불안하기 그지없습니다. 그런데 노련한 조종사의 경우는 동체 흔들림이 거의 없고 소음도 별로 없고 아주 자연스럽게 착륙을 합니다.

비행기 조종사들은 마(魔)의 11분 때에 긴장을 하지만 우리가 신앙생활을 하는데 있어서는 평생이 마(魔)의 시간이기 때문에 한순간도 긴장을 풀거나 방심할 수가 없습니다. 영적으로 긴장이 풀리고 방심하면 사단 마귀는 그때를 놓치지 않고 우리를 유혹하거나 공격합니다. 하나님의 부르심을 받는 그 순간까지 방심하지 말아야 합니다. 한때 하나님을 잘 믿었던 사람들이 방심하다가 사단이 쳐놓은 올무에 걸려서 넘어진 경우들이 너무나 많습니다. 신앙생활에 영원한 천하장사는 없습니다. 방심하면 다 넘어지게 됩니다.

그래서 우리가 신앙생활에 왜 방심을 하지 말아야 하는지, 방심하면 어떤 결과를 맞이하게 되는지 귀를 기울일 필요가 있습니다. 첫째로, 방심하면 곁길로 가게 됩니다(창 33:13-14). 둘째로, 방심하면 실패를 하게 됩니다(수 7:3-5). 셋째로, 방심하면 결국이 비참합니다(삿 8:33-35). 마지막이 아름다우려면 방심하지 말고 늘 깨어 있어야 합니다. 오늘도 살아 있음에 감사하고 최선을 다하시기 바랍니다.

무익한 염려
(마 6:25-34)

다음과 같은 이야기가 있습니다. 어느 큰 마을에 하나님이 보낸 죽음의 사자가 내려와서 그 마을 대표에게 말했습니다. "나는 하나님이 보낸 죽음의 사자인데 내가 내일 중으로 이 동네에서 열 명을 데리고 가겠다"라고 말했습니다. 그 무서운 소문은 삽시간에 온 동네 사람들에게 퍼져 나갔고 모두가 큰 두려움에 빠졌습니다. 드디어 그 다음날 보니 여러 사람들이 죽었는데 무려 100명의 사람들이 죽었습니다.

그래서 동네 대표가 죽음의 사자에게 항의를 했습니다. "아니 열 명만 데리고 가겠다고 하더니 왜 백 명이나 죽었습니까?" 그러자 죽음의 사자가 펄쩍 뛰면서 "나는 결코 백 명을 죽게 하지 않았다. 나머지 90명은 무서운 소문을 듣고 염려하고 두려워하다가 스스로 죽은 자들이니라."고 대답을 했다는 것입니다. 죽을 일이 있어서 죽은 사람보다 두려움과 염려로 죽은 사람이 훨씬 더 많았던 것입니다. 염려라는 것이 얼마나 해로운 것인지를 깨닫게 하는 이야기입니다.

염려(念慮)라는 말은 헬라어로 '메림나오(μεριμνάω)라고 하는데 '나뉜다'

혹은 '혼란하게 한다'라는 뜻입니다. 마음이 안정되지 못하고 나뉘고 혼란스러우면 아무것도 되는 일이 없습니다. 그래서 악한 사탄이 사람들을 곤경에 빠트리기 위해서 가장 흔하게 사용하는 무기가 바로 '염려'라는 것입니다. 마귀는 염려를 통하여 우리를 곤경에 빠트릴 뿐만 아니라 우리의 삶을 망하게 할 수도 있습니다.

그래서 성경은 수도 없이 "염려하지 말라"는 말씀을 하고 있습니다. 왜 염려를 하게 되는지, 그리고 어떻게 염려를 극복할 수 있는지 성경은 명쾌하게 말씀하고 있습니다. 첫째로, 염려는 불신앙에서 오는 것입니다(마 6:30, 31). 둘째로, 염려는 신앙성장을 가로막는 장애물입니다(마 13:22). 셋째로, 염려는 믿음의 기도로 이길 수 있습니다(빌 4:6, 7). 모든 염려를 이기고 그리스도의 평강을 누리시기 바랍니다.

방황의 고통
(시 107:1-9)

미국에 있을 때 이야기입니다. 어느 날 아침에 아이를 학교에 데려다 주는 길에 학교 부근 도로를 지나가는데 어미 오리 한 마리가 새끼 열 마리를 데리고 중앙 분리대를 따라서 걸어가고 있었습니다. 자동차들이 쉴 새 없이 달리는 차도에 그 오리 떼가 어떻게 들어오게 되었는지 알 수 없는 일이었습니다. 어미 오리는 계속해서 달려오는 자동차들 때문에 도로를 건너가지 못하고 계속 중앙 분리대를 따라서 걸어가고 있었습니다.

어미 오리는 잔뜩 겁에 질린 모습이었고, 영문도 모르는 새끼 오리들은 어미 오리의 뒤를 좇아서 이리저리 방황하는 모습이 너무나 안타까웠습니다. 길거리에서 달리는 자동차에 치어 죽은 짐승들을 흔히 볼 수가 있기에 그 오리 떼가 그런 변을 당하면 어떻게 하나 하고 몹시 불안했습니다. 그래서 제가 차를 세우고 뒤에 따라오던 차가 정차를 해서 오리 떼를 안전하게 건너갈 수 있도록 해 주었습니다.

그날 아침 집으로 돌아오는 길에 중요한 사실을 깨달았습니다. 아무것도 모르는 새끼 오리들이 어미 오리의 판단 착오와 실수로 인하여 그 위험한 길거리를 방황하듯이, 우리가 리더를 잘못 만나면 방황을 하게 되고 고통을 당하게 된다는 사실입니다. 국민이 대통령을 잘못 만나면 방황을 하고 고통을 당하게 되고, 교인이 목사를 잘 못 만나면 방황을 하고 영적으로 어려움을 당하게 됩니다. 우리 주변에 의외로 방황하는 교인들이 많이 있습니다. '가나안 교인-속칭 안나가 교인-이 약 2백만 명에 달한다는 충격적인 소식이 들려옵니다.

방황하는 삶은 불편하고 고통스러운 일입니다. 우리의 신앙생활에 방황하는 모습이 없어야 합니다. 혹시 방황하는 신앙생활을 하고 있다면 이제 그 방황을 끝내셔야 합니다. 첫째는, 관계의 갈등은 방황을 초래합니다(2, 3). 둘째는, 방황하면 목이 마르고 피곤합니다(4, 5). 셋째는, 부르짖으면 방황이 끝나게 됩니다(6, 7). 이제 방황의 마침표를 찍고 안정된 신앙생활과 안정된 삶을 사시기 바랍니다.

남용의 결과
(민 20:10-13)

1960년대부터 1970년대 초반까지 전 세계인들을 매료시킨 홍콩 액션 영화배우가 있었습니다. 그가 바로 〈이소룡(미국 명 부르스 리)〉입니다. 너무나 유명한 영화배우였을 뿐만 아니라 온 몸이 운동으로 다져진 사람이었기 때문에 그는 누구보다도 건강하게 오래 살 것이라고 생각을 했습니다. 그런데 1973년 그의 나이 32세 때 갑자기 죽어서 전 세계 영화 팬들을 놀라게 했습니다.

그의 죽음의 원인에 대해서 여러 가지 설들이 많았습니다. 독살을 당했다는 설도 있고, 심장마비로 죽었다는 설도 있고, 자살을 했다는 설도 있습니다. 그러나 그의 시신을 부검한 결과 사망 원인이 약물 남용 때문이었다는 결론이 내려졌습니다. 그는 늘 원인을 알 수 없는 두통에 시달렸고 그 두통을 이겨내기 위해서 여러 가지 약물을 복용했는데 그 약물을 너무 과다하게 복용한 것 때문에 부작용을 일으켜서 죽음에 이르게 되었다는 것입니다. 약물을 과다하게 남용하는 것은 위험한 일임을 알려주는 사건이었습니다.

미국 의학원의 통계에 따르면, 매년 미국에서 약물 남용으로 병원에 입원하는 사람이 100만 명에 이르고, 그중에 사망하는 사람이 매년 10만 명에 이른다고 합니다. 약이 병을 낫게 하고 사람을 고치기도 하지만, 반대로 병을 악화시키고 사람을 죽게 할 수도 있습니다. 그러므로 약을 남용하는 것은 정말 위험한 일입니다. 옛날에 "약 좋다고 남용 말고 약 모르고 오용말자!"라는 표어가 있었는데 정말 귀를 기울여야 할 중요한 내용입니다.

필요한 것이나 좋은 것이라도 남용하면 반드시 손해를 보거나 피해를 보게 됩니다. 그러므로 우리가 인생을 살아가면서 절대로 남용하지 않도록 조심해야 할 것이 있습니다. 첫째로, 직분을 남용하면 손해를 보게 됩니다(민 20:11). 둘째로, 재물을 남용하면 후회를 하게 됩니다(눅 16:19). 셋째로, 자유를 남용하면 혼란을 겪게 됩니다(갈 5:13). 남용이나 악용을 자제하고 선용하는 삶을 사시기 바랍니다.

오해의 불씨
(수 22:10-34)

　제주도의 한 교회에 새로 부임하신 목사님께서 어느 날 성도의 가정을 심방하려고 동네를 지나가다가 동네 할머니 한 분을 만나게 되었습니다. 할머니가 목사님을 보고 "목사님, 어디 감수꽈?"하고 인사를 하기에 "예, 심방갑니다"하고 대답을 했습니다. 그러자 할머니가 아주 의아한 표정을 지으시면서 "목사님도 신방 감수꽈?"하고 지나갔습니다. 그로부터 며칠 후 동네에 "교회에 새로 오신 목사님이 무당 집에 다닌다."는 소문이 퍼졌습니다.

　목사님이 하도 어이가 없어서 자초지종을 알아보았더니 며칠 전 심방 가다가 만난 동네 할머니가 원인이었습니다. 목사님께서 '심방(尋訪)'간다고 한 말을 할머니가 '신방(神房)'에 간다는 말로 오해를 하셔서 소문을 퍼트렸던 것입니다. 제주도에서는 무당 집을 가리켜서 '신방(神房)'이라고 합니다. 목사님이 한 말을 할머니가 잘 이해를 못한 나머지 오해를 했던 것입니다. 오해는 바로 그런 것입니다.

　우리가 세상을 살다보면 인간관계 속에서 생각지도 않은 일 때문에 오해를 받기도 하고, 또 남을 오해하기도 합니다. 오해를 하는 것은 좋지 않은 것입니다. 내가 남을 오해하는 것도 나쁜 것이고, 남이 나를 오해하는 것도 괴로운 것입니다. 세월이 지나가면 언젠가는 오해가 풀리게 되지만 그러나 오해를 하는 동안은 마음이 참 괴롭고 불편합니다. 그러므로 오해를 하거나 오해를 받는 일이 없어야 하고, 오해를 하더라도 빨리 풀어야 합니다.

 본문 말씀은, 가나안 땅 정복을 끝내고 자기 곳으로 돌아가던 용사들이 요단강 언덕에 기념으로 큰 제단을 쌓았는데 그것이 그만 큰 오해의 불씨가 되었다는 내용입니다. 왜 오해를 하게 되었는지, 그리고 어떻게 오해를 풀게 되었는지 살펴보기를 원합니다. 첫째로, 오해는 속단에서 비롯됩니다(10-20). 둘째로, 대화하면 오해가 풀어집니다(13, 14, 26, 27). 셋째로, 오해가 풀어지면 즐겁습니다(32, 33). 주님의 몸 된 교회 공동체 안에 서로 오해하고 반목하는 일이 없기를 바랍니다.

원망 주의보
(민 14:1-10)

한국에서 수년 동안 살다가 자기 나라로 돌아가는 외국인들에게 "한국 사람들에 대해서 어떻게 생각하느냐?"라는 질문에 대해서, "한국 사람들은 원망과 불평이 많은 사람들 같다"라고 대답을 했다고 합니다. 외국 사람들의 눈에 원망과 불평이 많은 국민으로 인식이 되었다는 것은 참 슬픈 일입니다. 우리나라 사람들이 그렇게 원망과 불평이 많은 것은 바로 우리나라의 현재와 미래에 대해서 신뢰할 만한 것이 없고 모든 것이 불확실하기 때문일 것입니다.

몽골제국의 창시자였던 칭기즈칸(1155-1227)은 약 200만 명의 유목민을 거느리고 2억 인구의 유럽을 정복했습니다. 그가 유럽을 정복한 후에 이런 말을 남겼습니다.

"집안이 나쁘다고 원망하지 말라. 나는 9살 때 아버지 없는 자식이라고 마을에서 쫓겨났다. 가난하다고 원망하지 말라. 나는 들에서 들쥐를 잡아먹고 살았다. 작은 나라에서 태어났다고 원망하지 말라. 나는 작은 유목민을 데리고 2억의 유럽을 정복했다. 배운 것이 없다고 원망하지 말라. 나는 내 이름도 제대로 쓸 줄을 몰랐다."라고 했습니다.

세상에서 성공한 사람들이나 큰일을 행한 사람들의 특징이 바로 자기 자신을 비관하거나 누구를 원망하지 않았다는 것입니다. 자신을 비관하거나 처지를 원망하는 사람치고 성공한 사람이 없고 큰일을 행한 사람이 없습니다. 원망하거나 불평을 많이 하는 사람의 대부분이 부정적인 의식을 가지고 있는 사람들입니다. 생각이 부정적이기 때문에 늘 원망하고 불평을 늘어놓게 되는 것입니다. 하나님도 그런 사람을 싫어하십니다.

성경에는 원망하지 말라는 말씀이 아주 많이 기록되어 있습니다. 하나님께서는 원망하는 사람을 아주 싫어하십니다. 왜 원망하지 말아야 할까요? 첫째로, 원망은 불신앙이 원인입니다(민 14:1, 2). 둘째로, 원망은 하나님이 들으십니다(민 14:26, 27). 셋째로, 원망은 상황을 악화시킵니다(민 14:32, 33). 건강한 신앙 체계를 파괴하는 원망 바이러스를 주의하고 복음으로 신앙의 면역을 강화하시기 바랍니다.

이것이 불효
(신 21:18-21)

우리나라는 조선시대부터 사면령(赦免令)을 내리는 일이 자주 있었습니다. 나라에 가뭄이나 홍수같은 천재지변이 일어나거나, 왕실의 주요 인물이 병에 걸릴 경우, 억울하게 감옥살이를 하는 사람의 원한이 하늘에 사무쳐서 재앙이 발생한다는 생각 때문에 사면령을 내렸습니다. 특히 새로운 왕이 즉위를 할 때는 광범위하게 죄를 용서하는 대 사면령이 시행되었습니다. 단 살인, 강도, 강간 같은 인륜에 관련된 죄는 사면을 받을 수가 없었습니다.

그런데 살인이나 강도나 강간 같은 죄가 아니면서도 사면 대상에서 무조건 제외되는 죄가 있었는데 그것이 바로 부모를 구타하거나 부모에게 폭언을 일삼는 죄였습니다. 특히 부모를 구타하거나 부모에게 욕을 하는 행위에 대해서는 참형(斬刑-목을 베는 형벌)에 처하도록 했습니다. 과거 조선왕조실록에 의하면 실제로 부모를 구타하거나 부모에게 욕을 하다가 참수형에 처한 사례들이 많이 기록되어 있습니다. 그것은 곧 자기 부모를 구타하거나 욕하는 행위는 용서받을 수가 없는 중대한 죄로 여긴 것입니다.

그런 관점에서 바라볼 때 오늘 이 시대에 참수형에 처할 사람들이 많이 있습니다. 자기 부모를 구타하는 자식들이 많이 있습니다. 서울시 중고등학생들 547명을 대상으로 조사를 한 결과 약 1/4에 해당하는 130여 명이 아버지나 어머니에게 폭력을 행사한 것으로 나타났습니다. 그런가 하면 자기 부모를 굶겨서 죽이는 자식들이 있고, 또 자기 부모를 제주도나 해외여행을 시켜 준다고 속여서 데리고 가서 버리는 천벌을 받을 자식들이 많이 있습니다.

부모는 단지 우릴 낳아주시고 길러주신 분이 아니라, 보이지 않는 하나님을 대신하는 위치에 있는 존귀한 존재입니다. 그러므로 절대로 부모에게 불효를 해서는 안 됩니다. 첫째로, 부모에게 불순종하는 것이 불효입니다(신 21:18). 둘째로, 부모를 업신여기는 것이 불효입니다(겔 22:7). 셋째로, 부모를 근심케 하는 것이 불효입니다(잠 17:21, 25). 모두 부모님께 효도해서 복을 받아 누리기 바랍니다.

신앙의 적폐
(삿 17:1-6)

　문재인 대통령이 집권하였을 때 국정 지표로 삼은 것이 바로 '적폐 청산'입니다. 적폐(積弊)란 '오랫동안 쌓여온 폐단'을 뜻합니다. 그러므로 적폐는 반드시 청산되어야 하는 게 지당합니다. 다만 무엇을 적폐의 기준으로 보느냐는 것은 생각할 여지가 있습니다. 자기 판단을 기준으로 적폐몰이를 하고 마녀사냥을 하듯이 청산의 대상으로 몰아가는 것은 옳지 못합니다. 왜냐하면 내 판단기준이 절대 선이 아니고 진영에 따라서 판단기준이 다를 수 있기 때문입니다.

　적폐란 잘못된 것인데 오랫동안 쌓여온 나머지 몸에 밴 습관이 되었기 때문에 좀처럼 바꾸거나 고치기가 어렵습니다. 사람이 오래된 습관을 바꾸는 것만큼 어려운 일도 없습니다. 예수님께서도 이 땅에 오셔서 유대교의 오랫동안 쌓이고 쌓인 잘못된 악습과 불의한 제도를 청산하시려고 했지만 강한 저항에 부딪혀야 했습니다. 적폐 청산이 얼마나 쉽지 않은지를 알 수 있었습니다.

　그러나 잘못된 습관을 바꾸지 않으면 자기발전을 기대할 수가 없습니다. 사회적으로도 적폐를 청산하지 않으면 그 사회가 발전할 수가 없습니다. 그러므로 저항이 따르고 고통이 따르더라도 잘못된 관습은 뜯어고치고 청산하려고 노력을 해야 합니다. 기독교계에도 청산되어야 할 오랫동안 쌓이고 쌓여온 적폐들이 많이 있습니다. 교회가 잘못된 것을 뜯어고치지 않고 지속적으로 개혁하지 않으면 사회로부터 외면을 당할 수가 있습니다.

신앙적으로 잘못된 것인데도 잘못된 것으로 인정하지 않고 고집스럽게 붙잡고 있는 관습이 있습니다. 당연하게 여기고 있지만 우리가 적폐로 여기고 고쳐야 하는 것이 있습니다. 첫째로는, 자기중심적인 신앙생활은 적폐입니다(삿 17:6). 둘째로는, 편의주의를 추구하는 신앙은 적폐입니다(삼하 6:6, 7; 대상 15:13). 셋째로는, 세속주의적인 신앙생활은 적폐입니다(롬 12:2, 약 1:27). 느리더라도 불편하더라도 하나님의 말씀을 따라가는 바른 신앙생활을 힘쓰기 바랍니다.

조급한 행동
(출 32:1-6)

〈알렉산더〉대왕이 친한 친구로부터 귀한 사냥개 두 마리를 선물로 받게 되었습니다. 평소에 사냥하는 것을 아주 좋아하던 〈알렉산더〉대왕은 너무나 기뻐하면서 그 두 마리의 개를 데리고 사냥을 나가게 되었습니다. 마침 숲속에서 토끼 한 마리가 움직이는 것을 보게 되었는데 웬일인지 사냥개는 본 척도 안하고 가만히 바라만 보고 있는 것이었습니다. 〈알렉산더〉대왕은 그런 사냥개에게 너무나 실망을 한 나머지 화를 참지 못하고 그 사냥개 두 마리를 다 죽여 버리고 말았습니다.

그리고 사냥개를 선물한 친구에게, "토끼 한 마리도 잡지 못하는 형편없는 개를 선물했는가?"하고 호통을 쳤습니다. 그러자 그 친구는 너무나 어이가 없는 표정으로, "친구여, 그 사냥개는 토끼를 잡기 위해서 훈련된 개들이 아니라 호랑이와 사자를 잡기 위해서 오랫동안 훈련된 값비싼 개란 말일세"라고 말했습니다. 친구의 말을 들은 알렉산더 대왕은 자신의 성급한 행동에 대해서 크게 후회를 했다는 것입니다.

외국 사람들의 눈에 비쳐진 우리 한국 사람들의 모습은 바로 너무 조급하고 성급하다는 것입니다. 너무 조급하고 성급한 나머지 매사에 "빨리빨리"라는 말을 늘 입에 달고 사는 것입니다. 오래전 이집트를 갔었는데 공항에서 입국 수속을 하면서 여권(passport)을 내밀자 입국 심사관이 나를 힐끔 쳐다보면서 "오, 빨리빨리!"라고 하더군요. 그만큼 한국 사람들은 조급한 민족으로 세계 모든 사람들에게 인식이 되어 있습니다.

그런데 신앙생활에 있어서도 하나님의 때를 기다릴 줄 모르고 조급해하는 경우들이 있습니다. 신앙생활에 있어서 조급함과 성급함을 조심해야 합니다. 왜 그럴까요? 첫째로, 조급하면 범죄할 수 있기 때문입니다(출 32:1). 둘째로, 조급하면 실수할 수 있기 때문입니다(잠 19:2). 셋째로, 조급하면 불행할 수 있기 때문입니다(잠 21:5). 모든 것이 급하게 진행되고 불안하게 하는 이때 마음의 여유를 잃지 않기 바랍니다.

중단과 지속
(행 4:23-35)

옛말에 "돈을 잃으면 조금 잃은 것이요 명예를 잃으면 많이 잃는 것이요 건강을 잃으면 전부를 잃은 것이다"는 말이 있습니다. 맞는 말입니다. 인생을 살아가는데 있어서 돈은 꼭 필요하고, 또한 명예가 귀한 것이지만 건강을 잃어버리고 나면 돈도 명예도 다 소용없게 됩니다. 그러므로 건강을 잃지 않도록 건강관리를 잘해야 합니다. 나이가 들수록 건강한 사람이 참 부럽게 여겨집니다.

병원에 가서 보면 수많은 환자들로 넘쳐나고 있습니다. 그들 중에는 참 안타까운 사람들을 많이 볼 수가 있습니다. 치료와 회복이 가능한 병으로 고생하는 분들도 계시지만 치료와 회복이 불가능한 진단을 받고 실의에 빠져 있는 분들도 많이 볼 수가 있습니다. 사람의 몸은 다양한 지체들로 구성이 되어 있는데 그중에는 아주 중요한 부분이 있는가 하면 조금 덜 중요한 부분이 있습니다. 소중한 지체이긴 하지만 잘라내도 생명에는 지장이 없는 부분이 있는가 하면 잠깐이라도 멈추면 죽음에 이르는 부분이 있습니다.

최악의 경우 손가락을 하나 절단한다든지 아니면 다리를 한쪽 절단해야 하는 경우가 있습니다. 그래도 생명에는 지장이 없습니다. 그런데 심장이 멈춘다든지, 아니면 호흡이 멈춘다든지, 혈액 순환이 멈추게 되면 사람이 살 수가 없습니다. 그렇듯이 신앙생활에도 절대로 중단되거나 멈추어서는 안 되는 일들이 있습니다. 멈추지 말아야 할 것이 멈추어 있거나 중단하지 말아야 할 것이 중단되어 있으면 죽은 신앙이 됩니다.

우리의 신앙생활 가운데 절대로 중단하지 말아야 할 것이 있습니다. 중단하지 말아야 할 것을 중단하면 죽은 신앙이 되고, 중단하지 말아야 할 것을 힘쓰면 건강한 신앙이 됩니다. 첫째로, 어떤 압력이 있어도 예배와 기도를 중단하지 말아야 합니다(23, 24). 둘째로, 전도와 선교를 중단하지 말아야 합니다(29, 31). 셋째로, 교제와 친교를 중단하지 말아야 합니다(32, 34). 소중한 것을 중단하지 말고 지속함으로 건강한 교회를 세우고 건강한 신앙생활을 영위하시기 바랍니다.

차별 금지법
(약 2:1-9)

 몇 년 전 숙명여대 입학 논술시험에 다음과 같은 문제가 출제되었다고 합니다. "우리나라에서 사회적으로 일어나고 있는 '몸짱'과 '얼짱' 문화에 대하여 어떻게 생각하십니까?" 사실 대학교 논술시험에 이런 문제가 출제되었다는 것은 곧, 사회적으로 그만큼 중요한 이슈(issue)가 되고 있기 때문입니다. 요즈음 우리나라에서는 '얼짱', '몸짱' 등 일명 짱 문화가 열병처럼 번지고 있습니다. 평범한 가정주부에서부터 연예인에 이르기까지, 대학생에서부터 정치인에 이르기까지, '짱 신드롬'이 확산되고 있습니다.
 얼굴이 잘생긴 사람을 가리켜서 '얼짱'이라고 하고, 몸매가 잘생긴 사람을 가리켜서 '몸짱'이라고 합니다. 돈이 많은 사람을 '돈짱'이라고 하고, 춤을 잘 추는 사람을 '춤짱'이라고 하고, 좋은 차를 타고 다니는 사람을 '차짱'이라고 합니다. 이러한 짱 문화가 확산되는 것은 바로 우리 사회가 외모지상주의 내지는 외모 차별주의가 만연하고 있음을 말해주는 것입니다. 짱 문화의 바탕은 바로 외모지상주의(外貌至上主義)를 추구하는 것입니다.

 초등학생들 사이에서도 얼짱, 몸짱이라는 말이 유행을 하면서 외모가 조금 뚱뚱하거나 못생긴 아이들이 무시를 당하고 있습니다. 그래서 요즘은 초등학생들도 몸을 뜯어고치는 성형 수술을 한다는 충격적인 사례들이 소개되고 있습니다. 청소년들 사이에서는 외모가 예쁘면 모든 것을 용서할 수 있다는 가치관을 심어 놓았고, 외모가 그 사람을 평가하는 기준으로 자리를 잡고 있습니다. 외모를 가지고 사람을 평가하는 것은 참으로 잘못된 것입니다.

 성경은 외모를 가지고 사람을 평가하거나 차별하는 것을 용납하지 않습니다. 외모뿐 아니라 그 어떤 것으로도 사람을 차별해서는 안 됩니다. 예수님의 세계는 차별이 없는 세계입니다. 첫째로, 외모를 보고 차별하지 말아야 합니다(약 2:1, 2). 둘째로, 교회에서의 차별은 악한 것입니다(약 2:3, 4). 셋째로, 차별이 없는 교회가 칭찬을 받습니다(약 2:8, 9). 차별이 없는 멋진 교회를 함께 세워 가시기 바랍니다.

불신의 생활
(엡 5:15-21)

오래전 〈테레사-내게 빛이 되어 주소서!〉라는 책이 출간되었는데 사람들을 혼란스럽게 하였습니다. 그 책에는 〈테레사〉수녀가 생전에 하나님의 존재를 믿지 못하고 온통 어두움과 고뇌로 가득 찬 삶을 살았다는 고백이 담겨져 있습니다. 더욱 충격적인 것은 그가 동료 신부에게 털어놓은 고백에 의하면 자신의 트레이드마크인 미소가 사실 어두운 마음을 가리기 위한 가면이었다는 것입니다. 가장 믿음이 충만했을 것 같은 그가 하나님의 존재를 믿지 못했다니 충격적인 일입니다.

그가 하나님의 존재를 믿지 못한 것은 어느 한순간만 아니고 그가 빈민들을 위해서 봉사를 시작하던 1948년부터 1997년 죽을 때까지 줄곧 그랬다는 것입니다. 모든 세상 사람들로부터 '성자(聖者)'로 추앙을 받았던 그가 정작 내면에는 하나님의 존재와 천국의 실재를 믿지 못했다는 것은 우리를 혼란스럽게 하고 있습니다. 그의 헌신과 거룩한 모습을 보고 감동을 받고 하나님을 믿은 사람들이 수없이 많은데 정작 그는 하나님의 존재와 천국의 실재를 믿지 못하고 줄곧 고뇌하는 삶을 살았다니 참 혼란스러운 일이 아닐 수가 없습니다.

교회를 다니면서도 〈테레사〉수녀처럼 하나님의 존재를 믿지 못하는 이들이 많이 있을 수가 있습니다. 하나님의 존재를 믿지 못하면서도 얼마든지 신앙생활을 할 수가 있습니다. 그러나 그것은 하나의 종교생활일 뿐 구원에 이르는 신앙생활은 될 수가 없습니다. 기독교 신앙은 전능하신 하나님께서 천지를 창조하신 것을 믿는 것을 바탕으로 하고 있습니다. 그 사실을 믿을 뿐만 아니라 하나님께 대한 확신과 믿음이 충만해야 합니다.

오늘 우리의 내면에 어두움과 불신앙으로 가득 차 있다면 다 떨쳐버리고 확신이 넘치고 충만한 믿음을 가져야 합니다. 우리의 신앙생활 가운데 무엇이 충만해야 할까요? 첫째는, 성령이 충만한 삶이어야 합니다(엡 5:18). 둘째는, 지혜가 충만한 삶이어야 합니다(행 6:3, 약 1:5). 셋째는, 기쁨이 충만한 삶이어야 합니다(시 16:10-11). 이와 같은 것들이 충만하여 신앙생활이 즐거우시기 바랍니다.

걱정과 근심
(요 14:1-6)

　미국에 〈수면학회〉라는 단체에서 발표한 바에 의하면, 미국 인구 3억 5천만 명 중 약 1/10에 해당하는 3천 5백만 명이 만성 불면증 내지는 수면 장애에 시달리고 있다고 합니다. 그래서 미국에서 1년 동안에 소비되는 수면제가 자그마치 700억 알이나 된다고 합니다. 잠을 이루지 못해서 수면제를 찾는 인구가 해가 갈수록 급증을 하고 있는 추세라고 합니다. 그래서 각 제약회사들이 수면제를 팔아먹기 위해서 1년에 자그마치 6억 불이라는 천문학적인 돈을 수면제 광고비로 지출을 하고 있습니다.
　이렇게 수많은 사람들이 잠을 이루지 못하는 원인이 무엇일까요? 여러 가지의 원인이 있겠지만 가장 큰 원인은 바로, 갈수록 삶의 스트레스로 인한 마음의 근심 걱정이 너무나 많아서 그런 것입니다. 근심은 심령을 상하게 하고 뼈를 마르게 한다고 했는데, 인간들이 이루어 놓은 찬란한 현대 문명은 사람들을 편안하게 해주지 못하고 도리어 스트레스를 가중시키고 많은 근심과 걱정을 끼쳐서 심령을 상하게 하고 뼈를 마르게 하고 있습니다.

그래서 사람들은 스트레스를 이기기 위해서 신경 안정제를 찾고, 불면증을 이기기 위해서 수면제를 복용합니다. 그런데 신경 안정제를 먹으면 모든 신경을 둔화시켜서 정상적인 활동을 할 수 없도록 만듭니다. 그리고 수면제를 복용하면 신체적으로 심각한 부작용을 일으켜서 우리를 해롭게 합니다. 그래서 FDA에서는 수면제 통에다가 "이 약을 먹으면 심각한 부작용이 있을 수 있다"는 강력한 경고문을 써 붙이도록 조치를 취하고 있습니다.

그러나 우리는 그런 신경안정제나 수면제를 먹지 않고도 근심 걱정을 이길 수 있는 좋은 방법이 있습니다. 첫째로, 믿음은 걱정과 근심을 이기게 합니다(요 14:1, 27). 둘째로, 소망은 걱정과 근심을 이기게 합니다(요 14:2, 3). 셋째로, 기도는 걱정과 근심을 이기게 합니다(시 107:28-30). 이런 방법으로 걱정과 근심을 이기고 주님이 주시는 참된 평안을 누리시기 바랍니다.

험담 부작용
(잠 26:20-28)

이솝우화에 이런 이야기가 있습니다. 동물의 왕인 사자가 병에 걸리게 되었습니다. 그러자 숲속에 살고 있는 모든 동물들이 문병을 왔는데 여우만 오질 않았습니다. 그러자 평소에 여우와 사이가 좋지 않았던 늑대가 속으로 쾌재를 부르면서 지금이 바로 여우에게 복수를 할 수 있는 절호의 기회라고 생각을 했습니다. 그래서 사자에게 "숲속의 왕이시여, 여우가 문병을 오지 않은 것은 필경 사자님을 무시하는 처사입니다. 벌을 내리셔야 합니다."하고 말했습니다.

그때 마침 여우가 도착을 했습니다. 사자가 크게 노를 발하면서 "네 이놈, 왜 이리 늦었느냐? 네가 나를 무시하는 거냐?"하고 호통을 쳤습니다. 그러자 눈치가 빠른 여우가 분위기를 파악하고 꾀를 냈습니다. "예, 제가 이렇게 늦은 것은 우리 사자님의 병을 낫게 할 수 있는 약을 알아보느라고 늦었습니다." 그러자 사자가 "오 그래? 그 약이 무엇이냐?"하고 물었습니다. 그러자 여우가 "예, 늑대의 가죽을 벗겨서 그것을 뒤집어쓰시면 병이 금방 낫게 된답니다." 그러자 사자는 앞에 있던 늑대를 잡아서 가죽을 벗겼다는 이야기입니다.

이 이야기 속에 담겨있는 교훈이 무엇입니까? 남을 험담하거나 중상모략을 하면 반드시 자기 자신이 어려움을 당하게 된다는 것입니다. 내가 남을 칭찬하면 반드시 칭찬이 돌아오게 되고, 내가 남을 험담하면 반드시 험담이 돌아오게 됩니다. 마치 부메랑을 던지면 자신에게로 되돌아오는 것처럼 내 입에서 나간 말은 반드시 내게로 되돌아오게 됩니다. 그러므로 남을 중상모략하거나 험담하는 말을 하지 말아야 합니다.

성경에는 말을 지나치게 많이 하는 것이나, 험담하는 것이나, 중상모략하는 것을 삼가라고 말씀합니다. 험담이 가져오는 결과가 나쁘고 부작용이 너무 큽니다. 첫째로, 험담은 다툼을 일으키는 원인입니다(잠 26:20, 21). 둘째로, 험담은 비밀을 누설하는 원인입니다(잠 20:19). 셋째로, 험담은 사이를 갈라놓는 원인입니다(잠 16:27, 28). 불필요한 말로 인한 공해가 너무 극심한 이 시대에 험담을 줄이도록 노력합시다.

타협의 유혹
(출 8:25-32)

  미국이라는 나라는 전 세계에서 가장 첨단 과학과 산업문명을 앞서서 달리고 있는 나라입니다. 그런 미국에서 모든 현대문명을 거부한 채로 300년 전 생활상을 고수하는 사람들이 있습니다. 그들을 가리켜서 〈아미쉬〉사람들이라고 합니다. 미국에는 약 18만 명의 〈아미쉬〉사람들이 살고 있는데 그들의 삶을 들여다보면, 자동차, 전화, 컴퓨터, TV, 라디오, 신문 등 모든 과학 문명의 이기를 멀리한 채로 농사를 지으면서 자연과 더불어서 살아가고 있습니다. 그들의 삶의 모습 속에서 현대문명의 모습은 일체 찾아볼 수가 없습니다.

  그들은 교통수단으로 자동차를 이용하지 않고 옛날 마차를 타고 다니거나 아니면 걸어서 다닙니다. 농사를 지을 때도 트랙터나 발달된 첨단 농기구를 일체 사용하지 않고 멍에를 맨 말이 끄는 쟁기로 밭을 일굽니다. 남자들의 복장은 검정색 양복을 입고 턱수염을 길게 늘어뜨린 모습이고, 여자들은 짙은 자주색 원피스 차림에 쪽진 머리 모양을 하고 그 위에 하얀 스카프를 두르고 다닙니다. 음식은 순수 무공해 유기농 자연식을 먹습니다.

　그 〈아미쉬〉사람들의 삶의 모습을 둘러보면서 제 마음에 강하게 와닿는 느낌이 있었습니다. 오늘 우리는 너무나 쉽게 우리의 정체성을 잃어버리고 세상과 타협하면서 살고 있다는 것입니다. 〈아미쉬〉사람들처럼 모든 현대문명을 거부하는 정도까지는 아닐지라도 죄악이 관영한 세상과 분리된 거룩한 삶을 살아야 하는데 그런 모습을 찾아볼 수 없다는 것이 안타까운 일입니다. 성도들이 지향해야 할 삶은 세속화되지 않고 구별된 삶을 사는 것입니다.

　악한 사단이 우리의 신앙생활을 실패하게 하기 위해서 가장 흔하고 쉽게 사용하는 방법이 바로 타협하게 하는 것입니다. 세상과 타협하다 보면 결국 신앙생활을 실패하게 됩니다. 첫째로, 편하게 믿으라고 타협합니다(출 8:25). 둘째로, 적당히 믿으라고 타협합니다(출 8:28). 셋째로, 형식만 믿으라고 타협합니다(출 10:24). 마귀의 타협에 걸려 넘어지거나 신앙생활을 실패하는 일이 없기를 바랍니다.

집착의 허상
(출 16:1-3)

미국에서 출간이 되어서 화제를 불러일으킨 〈대통령을 기소하다〉라는 책이 있습니다. 미국의 현직 검사가 〈조지 W. 부시〉대통령을 법적으로 단죄해야 한다고 작심을 하고 쓴 책입니다. 그 책에서 그는 〈조지 W. 부시〉 대통령을 일급 살인죄로 법정에 세워야 한다고 주장을 하고 있습니다. 그 이유는 그가 이라크 전쟁을 일으켜서 4,000명이 넘는 미군 병사들과 수많은 이라크 사람들을 죽음으로 내몰았기 때문입니다.

그리고 그는 〈조지 W.부시〉 대통령에 대해서 또 한 가지 옳지 못한 점을 지적하고 있는데, 그를 가리켜서 '휴가집착증 환자'라고 공격을 하고 있습니다. 〈조지 W.부시〉 대통령은 재임 기간 7년 동안 908일을 휴가로 보냈습니다. 즉 재임 기간의 약 36%를 〈캠프데이비드〉 별장이나 〈크로포트〉 목장에서 휴가를 보냈는데 3일에 1번꼴로 쉰 셈입니다. 한 나라의 지도자가 그렇게 수많은 날들을 휴양지에서 휴가를 보낸 것은 무책임의 극치를 보여주는 것이고, 지도자로서 실격이라는 것입니다. 그래서 그를 가리켜서 '휴가집착증 환자'라는 것입니다.

지도자가 격무에 시달린 나머지 휴가를 가지는 것은 필요한 일이고 유익한 일일 수도 있습니다. 그러나 국가 최고 통수권자인 대통령이 3일에 1번꼴로 쉬었다는 것은 도에 지나친 것입니다. 도에 지나친 것은 좋지 않은 일입니다. 비단 휴가뿐만 아니라 무슨 일이든지 정도에 지나쳐서 집착을 하는 것은 좋지 않습니다. 어떤 일에 집착을 하면 오직 그 한 가지 일만을 생각을 하기 때문에 생각의 폭이 좁아지고 분별력이 없어집니다.

우리가 어떤 일에 집착을 하면 안 되는지, 그리고 집착을 하면 어떤 결과를 초래하게 되는지요? 첫째로, 과거에 집착하면 미래로 나아가지 못합니다(출 16:1-3). 둘째로, 재물에 집착하면 근심에 빠지게 됩니다(마 19:21-22). 셋째로, 쾌락에 집착하면 멸망에 이르게 됩니다(딤후 3:4-5). 어지럽고 혼란한 이 시대에 성경적인 가치관을 가지고 사시기 바랍니다.

교만의 결과
(잠 6:16-19)

2008년 베이징 올림픽이 끝난 후 한국갤럽이 실시한 여론 조사에서 "가장 인상 깊었던 한국 선수들의 경기가 무엇인가?"라고 했습니다. 그랬더니 야구대표팀이 결승전에서 쿠바를 이기고 우승한 것이라고 대답을 했습니다. 우리나라 야구대표팀이 잘하는 줄은 알았지만 올림픽에서 강호들을 이기고 우승할 줄은 몰랐다는 것입니다. 생각할수록 가슴 벅찬 일이 아닐 수 없습니다. 우리나라 체육사에 길이 남을 만한 일이라고 생각을 합니다.

우리 야구대표팀이 4강에 올랐을 때 한 방송 기자가 일본 야구팀의 〈호시노〉 감독과 인터뷰를 했습니다. "대한민국 선수들 중에 어느 선수를 경계하느냐?"고 질문을 했을 때 "한국 팀에는 경계할 만한 선수가 아무도 없다. 그리고 일본팀은 세계 최고 선수들로 구성이 되었기 때문에 9전 전승으로 반드시 금메달을 딸 것이다."라고 호언장담을 했습니다. 최고의 드림팀으로 구성되었기 때문에 큰소리칠 만했습니다. 그런데 결과는 동메달도 따지 못하고 돌아가야 했습니다.

2011년 대구에서 열렸던 세계 육상선수권대회에서 전 세계 매스컴의 주목을 받은 한 선수가 있었으니 자메이카의 〈우샤인 볼트〉선수입니다. 그는 단거리 경기에 있어서 타의 추종을 불허하는 대단한 선수입니다. 모든 매스컴이 그를 주목했고 선수 본인도 당연이 기록을 단축하며 우승할 것이라고 큰소리쳤습니다. 그런데 결과는 부정 출발로 인한 실격 처리가 되고 말았습니다. 모든 사람들이 경악할 만한 일이었습니다.

우리는 그와 같은 결과를 지켜보면서, 교만한 사람은 낮추시고 겸손한 사람은 높이신다는 하나님의 말씀을 다시 한번 눈으로 확인할 수가 있었습니다. 교만하면 어떤 결과를 맞이하게 되는지 하나님의 말씀을 들어야 합니다. 첫째로, 교만하면 미움받게 됩니다(잠 6:16). 둘째로, 교만하면 넘어지게 됩니다(잠 16:18). 셋째로, 교만하면 불행하게 됩니다(대하 26:16). 그러므로 교만의 쓴 뿌리를 제거하고 항상 겸손으로 허리를 동이고 모든 사람을 섬기며 사시기 바랍니다.

방탕의 손실
(눅 21:34-36)

한때 우리나라에 〈아침형 인간〉이란 책이 베스트셀러가 되면서 너도 나도 아침형 인간이 되기 위해서 노력하는 모습들을 볼 수가 있었습니다. 그런데 그에 반대되는 〈저녁형 인간〉 예찬론자들이 나타났습니다. 저녁형 인간이란, 낮과 밤을 바꾸어서 생활하는 사람들을 일컫는 말입니다. 상식적으로 생각할 때 낮과 밤을 바꾸어서 생활을 하면 안 될 것 같은데 우리나라에서는 그렇게 사는 것이 정상적인 것같이 여겨지고 있습니다.

밤 열두 시가 초저녁인 것처럼 생활을 하고, 낮 열두 시가 한밤중인 것처럼 생활을 하는 이런 저녁형 인간에 대해서 도덕주의자들은 비판을 감추지 않고 있습니다. 도덕주의자들뿐만 아니라 성경적으로 볼 때도 저녁형 인간의 삶은 옳지 않은 것입니다. 고대 로마 제국은 밤거리가 화려하기로 유명했습니다. 저녁마다 술집과 도박장이 초만원을 이루었고, 밤마다 홍등가(紅燈街)에는 환락을 추구하는 사람들로 넘쳐났습니다. 그러다가 결국 로마제국은 멸망을 당하고 말았습니다.

저녁형 인간의 삶을 사는 사람들은 문화가 바뀌었기 때문에 그럴 수 밖에 없다고 주장을 하지만 그러나 그것은 창조 질서에 맞지 않습니다. 아무리 시대가 변하고 문화가 바뀌었어도 인간은 창조 질서에 순응하면서 살아야 합니다. 창조 질서에 역행하면서 사는 것이 바로 방탕한 생활입니다. 창조 질서를 역행하면서 방탕한 생활할 때 우리의 삶에 많은 부작용을 가져다줍니다. 그래서 성경은 방탕한 삶을 살지 말라고 말씀하고 있습니다.

이 시대는 창조질서에 역행하는 온갖 문화가 우리를 방탕한 삶으로 유혹을 하고 있습니다. 방탕한 삶을 살지 않기 위해서 우리는 정신을 바짝 차려야 합니다. 첫째는, 방탕하면 마음이 둔하여집니다(눅 21:34). 둘째는, 방탕하면 감각이 둔하여집니다(엡 4:19). 셋째는, 방탕하면 생활이 궁핍해집니다(눅 15:13). 방탕한 삶으로 유혹하는 이 시대에 더욱 창조질서에 순응하며 거룩한 삶을 사시기 바랍니다.

분노의 감정
(갈 5:19-24)

독일의 〈히틀러〉는 머리가 명석하고 관찰력이 깊고 예리한 판단력과 비상한 통치력을 가진 사람이었습니다. 그런데 비해서 그는 화를 잘 내고 분노가 많은 사람이었습니다. 자기의 비위를 약간만 건드려도 화를 내고 분노를 폭발하는 마치 화약고와 같은 성격을 가진 사람이었습니다. 그렇기 때문에 그의 부하들이 상황 보고를 제대로 하지 못하는 경우들이 많았습니다. 그가 제2차 세계대전에서 패망한 것도 바로 그의 그런 성격 때문이었다고 합니다.

연합군이 〈노르망디상륙작전〉을 감행할 때 그는 마침 낮잠을 자고 있었습니다. 부하들이 연합군이 상륙을 감행하는 것을 감지를 했지만 그에게 상황을 보고할 수가 없었습니다. 왜냐하면 그가 낮잠을 잘 때는 그 누구도 그를 깨우지 못하도록 명령을 내렸기 때문입니다. 만약 낮잠을 자고 있는데 깨우게 되면 예외없이 분노를 폭발하고 손에 잡히는 대로 집어 던지는 과격한 성격을 가진 사람이었기 때문에 부하들이 그를 깨울 수가 없었고 전시상황 보고를 제대로 할 수가 없었던 것입니다.

그가 낮잠을 자고 일어났을 때는 이미 연합군이 〈노르망디〉에 완전히 상륙을 해서 진지를 구축한 뒤였습니다. 아무리 두뇌가 명석하고 예리한 판단력을 가진 사람이라도 분노의 감정을 다스리지 못하는 사람은 파멸할 수밖에 없습니다. 그래서 성경은 "자기의 감정을 잘 다스리는 사람은 성(城)을 지키는 용사보다 더 낫다"고 했습니다. 분노의 감정을 제대로 다스리지 못하는 사람은 무슨 일을 하더라도 성공할 수가 없습니다. 반대로 분노와 혈기를 잘 다스리는 사람은 무슨 일을 하더라도 성공할 가능성이 높습니다.

분노가 어떤 것이며, 분노의 결과가 어떤 것인지를 살펴보아야 합니다. 첫째로 분노는 명백한 육체의 일입니다(갈 5:19, 20). 둘째로, 분노는 성령을 근심되게 합니다(엡 4:30, 31). 셋째로, 분노는 서둘러 해소해야 합니다(엡 4:26, 27). 요즘은 사회적으로 분노 조절장애로 여길 만큼 분노의 감정을 품고 살아가는 사람들이 참 많습니다. 분노의 감정을 잘 해소함으로 유익한 인생을 사시기 바랍니다.

비방의 함정
(민 12:1-10)

우리나라가 전 세계에서 초고속 인터넷 최강국이라고 합니다. 독서량은 세계에서 꼴찌이지만 인터넷은 타의 추종을 불허할 만큼 강국입니다. 이런 인터넷 강국이라는 이면에 심각한 부작용을 불러일으키는 것이 있는데, 그게 바로 인터넷 상에 악플(악성 댓글)이 넘쳐나고 있다는 것입니다. 근거가 없거나 사실성이 없는 악성 댓글이 인터넷을 타고 수많은 사람들에게로 전달이 되고 있습니다. 그 악성 댓글 때문에 고통을 당하는 사람들이 너무 많습니다.

그래서 정부차원에서 그런 악성 댓글을 차단시키기 위해서 두 가지 새로운 법을 추진하고 있습니다. 첫째는, 인터넷에 댓글을 달 때는 반드시 실명제로 해야 한다는 것이고, 둘째는, 근거가 없는 악성 댓글을 다는 사람들은 법적으로 형사처벌을 한다는 것입니다. 그 법이 제정되면 아무래도 악성 댓글을 함부로 달 수가 없을 것입니다. 그런데 그 법이 국회에서 기각되고 말았습니다. 제 개인적인 생각으로는 반드시 실명제로 댓글을 달아야 한다는 것과 악성 댓글을 다는 사람에 대해서 형사처

벌하는 것을 찬성하는 입장입니다.

함부로 악성 댓글을 유포시키는 행위는 일종의 남을 비방하는 것인데 나쁜 것입니다. 자신의 신분을 감춘 채로 인터넷상에서 남을 비방하는 것은 정말 비열한 행동입니다. 그런 악성 댓글을 달거나 비방하는 것 때문에 너무나 많은 사람들이 마음에 상처를 받고 있고, 또 심지어는 정신적인 괴로움을 견디다 못해서 목숨을 끊는 일까지 일어나고 있습니다. 할 말이 있으면 합법적으로 떳떳하게 해야지 뒤에 숨어서 남을 비방하는 것은 옳지 못한 것입니다.

왜 사람들이 남을 비방하는지, 그리고 남을 비방할 때 어떤 결과를 맞이하게 되는지에 대해서 성경에서 말씀하고 있습니다. 첫째로, 비방은 시기심에서 비롯됩니다(1-2). 둘째로, 비방은 하나님께서 들으십니다(1-2). 셋째로, 비방하면 반드시 징계하십니다(9-10). 비방과 흑색선전이 난무하는 시대에 선한 삶으로 아름다운 세상을 만들어 가시기 바랍니다.

불화의 가정
(잠 17:1)

우리나라가 OECD 국가 중에서 부끄러운 1위를 달리고 있는 부분들이 참 많습니다. 자살률 1위, 교통사고율 1위, 낙태율 1위, 청소년 흡연율 1위, 술 소비량 1위, 간암 사망률 1위, 장애아동 해외입양 1위, 거기에다가 이혼율이 세계 1위입니다. 전국에서 부모의 이혼으로 버려지는 고아들의 숫자가 매년 4,000명이 넘는다고 합니다. 동방예의지국이었던 우리나라가 어쩌다가 이렇게 부끄러운 나라가 되었는지 안타까운 마음이 큽니다.

이혼을 하기 위해서는 반드시 가정법원에 신청을 해야 하는데, 법원의 통계 발표에 의하면 1년 중에 이혼율이 가장 높은 때가 3월 달과 10월 달이라고 합니다. 결혼하는데 계절이 있다는 것은 모두 다 알고 있지만 이혼을 하는데 시즌이 있다는 것은 사람들이 잘 모르고 있습니다. 2월 달에 설 명절이 들어있고 9월 달에는 추석 명절이 들어 있습니다. 3월 달과 10월 달에 이혼율이 가장 높다는 것은 곧, 명절을 지난 후에 부부싸움을 가장 많이 하게 되고, 그 부부싸움이 이혼으로 발전이 된다는 것을 말해줍니다.

우리나라는 명절이 되면 음식을 준비하는 일에서부터 손님을 치르는 일과 그 뒷일에 이르기까지 너무 과로한 일로 주부들이 스트레스를 많이 받습니다. 그리고 본가를 방문하고 처가를 방문하는 문제로 인해서 부부싸움을 많이 하게 됩니다. 또 갈 때는 빈손으로 갈 수가 없기 때문에 선물을 챙기는 일이나 용돈을 드리는 일에 이르기까지 그런 문제들로 인해서 부부싸움을 많이 하게 됩니다. 즐거워야 할 명절이 가정불화의 요인이 되고 있는 것입니다.

인간은 사회적인 동물이기 때문에 반드시 인간관계를 맺고 살아가게 됩니다. 그런데 그 소중한 관계가 화목하지 못하고 깨지거나 불화로 이어지는 불행한 일이 없어야 합니다. 첫째는, 가족 관계가 화목해야 합니다(잠 17:1). 둘째는 이웃 관계가 화목해야 합니다(막 9:50). 셋째는, 교인 관계가 화목해야 합니다(살전 5:13). 삶의 영역이 화목하므로 더욱 행복한 삶을 사시기 바랍니다.

음주의 결과
(잠 23:29-35)

　우리나라의 〈진로〉라는 회사에서 〈참이슬〉이라는 소주를 출시한 지 10주년 만에 무려 140억병이 팔렸다고 합니다. 이를 구체적으로 계산을 하자면, 한 달에 1억 1천7백만 병이 팔렸고, 하루에 384만 병이 팔렸고, 1초에 44병씩 팔리고 있습니다. 어른 한 명당 400병씩을 마신 것이고, 그 소주병을 한 줄로 깔아놓으면 서울과 부산을 무려 3,516번을 왕복할 수 있는 길이가 됩니다. 세계에서 술 소비 1위 국가답게 참으로 엄청난 양입니다.

　우리나라 사람들은 술을 너무 많이 마시고, 또 술을 마시되 1차, 2차, 3차를 거치면서 인사불성이 되도록 취해서 혀가 꼬부라질 때까지 마시는 것을 좋아합니다. 그리고 나서 몸을 가누지 못할 정도가 되어야 집으로 돌아가는 것입니다. 그렇게 전국적으로 수많은 사람들이 술을 마셔 대니까 당연히 세계에서 술 소비량이 1등을 할 수밖에 없습니다. 그래서 우리나라를 가리켜서 〈음주공화국〉이라고 합니다. 도시마다 길거리에 어둠이 덮이고 나면 술 취해서 비틀거리는 사람들의 모습을 너무나 흔하게 볼 수가 있습니다.

　미국에서 사는 동안 그런 사람들의 모습을 전혀 볼 수가 없어서 너무나 좋았습니다. 미국 사람들은 술을 마시더라도 신사적으로 마시고, 적당하게 마시고, 마시더라도 다른 사람들에게 전혀 실례나 부담을 주지 않습니다. 우리나라 사람들도 그런 좋은 음주문화를 본받을 필요가 있을 것 같습니다.

　그리스도인들은 술에 대한 바른 인식을 가져야 하고, 술을 거부할 줄 아는 믿음이 있어야 합니다. 음주에 대해서 성경은 뭐라고 말씀합니까? 첫째는, 음주는 성경이 금지하고 있습니다(잠 23:31, 32). 둘째는, 음주는 실수의 원인이 됩니다(창 9:20, 21). 셋째는, 음주는 반드시 패망을 초래합니다(사 5:11, 22). 그러므로 술에 대한 바른 인식을 가지고 절대 술을 멀리하시기 바랍니다.

정죄와 판단
(요 8:1-11)

　몇 년 전 서울 논현동에 있는 한 고시원에서 살인사건이 일어났습니다. 한 30대 남성이 자신의 처지를 비관한 나머지 자기가 묵고 있던 고시원 방에 불을 지르고, 놀라서 뛰쳐나오는 사람들을 무차별 칼로 찔렀는데 무려 6명이 그 자리에서 숨졌습니다. 안타깝게도 숨진 사람들 대부분이 한국에 돈벌러 온 중국 동포들이어서 우리의 마음을 아프게 합니다. 사람의 생명은 귀한 것인데 사람이 사람을 죽이는 일은 정말 흉악한 일입니다.

　그 범인을 붙잡아서 현장 조사를 실시했는데 그때 범인의 얼굴을 공개하지 않은데 대해서 많은 국민들이 분개를 하고 있습니다. 경찰의 주장을 들어보면 아무리 흉악범이라도 인권이 있기 때문에 보호를 해줘야 하고, 범인의 얼굴을 공개함으로 그 가족들이 받게 될 어려움을 생각해서 범인의 얼굴을 공개할 수가 없다는 것입니다. 그러나 국민들은 그렇게 흉악한 사람은 이미 인간이기를 포기한 사람이기 때문에 만천하에 얼굴을 공개해서 처벌을 해야 한다는 입장입니다.

세상 사람 중에는 사람답지 못한 일을 행하여서 손가락질을 당하고 비난을 받아야 할 사람들이 참 많습니다. 세상 사람들은 그런 사람에 대해서 돌을 던지고 정죄하기를 주저하지 않습니다. 그러나 하나님께서는 죄인이나 악인들에 대해서 정죄하지 말라고 말씀하십니다. 하나님은 죄인을 정죄하는 것을 좋아하시지 않습니다. 그들이 회개하고 새로운 사람이 되기를 잠잠히 참아 기다리시는 하나님이십니다.

그러므로 성도들은 남을 함부로 정죄하는 것을 조심하고 삼가야 합니다. 왜 함부로 사람을 정죄하면 안 될까요? 첫째로, 사람은 사람을 정죄할 수 없습니다(요 8:6). 둘째로, 예수님도 함부로 정죄하지 않으셨습니다(요 8:11). 셋째로, 정죄하면 내가 정죄를 받게 됩니다(눅 6:37). 사회적으로 흑백논리와 진영논리로 정죄가 난무하는 시대에 그리스도인들은 정죄와 판단을 삼가야 합니다.

CHAPTER 4

TENDING을 위한 좋은 기술들

감사의 일기
(시 136:11-26)

여러분은 유명한 토크쇼 진행자인 〈오프라 윈프리〉를 잘 아실 것입니다. 그녀는 전 세계에서 가장 영향력이 있는 여성으로 꼽히는 사람이고, 20세기 흑인 여성 중에 가장 유명한 사람으로 인정을 받고 있습니다. 그리고 그녀는 전 세계 132개국 1억 4천만 시청자를 웃고 울리는 토크쇼의 여왕입니다. 한 해 그녀가 벌어들이는 수입이 자그마치 2,300억 달러입니다. 그래서 그녀의 재산 규모에 있어서 억만 장자의 명단에 오른 사람입니다.

그런데 그녀의 과거는 지금과는 달리 너무나 참혹할 정도로 불행했습니다. 사생아로 태어났고, 어린 나이에 성폭행을 당한 적이 있습니다. 14살에는 아이를 낳아서 미혼모가 되었습니다. 그녀는 자신의 불행함을 잊어보려고 마약을 복용하며 하루하루를 살아야 했습니다. 친척들에게 천덕꾸러기 취급을 받고 매일매일 매를 맞으며 자랐습니다. 이러한 그녀의 과거는 지옥과도 같은 참혹함 그 자체였습니다. 그랬던 그녀가 도대체 어떻게 불행의 늪에서 벗어날 수가 있었을까요? 또 어떻게 세계적으로 가장 영향력을 끼치는 인물이 될 수가 있었을까요?

　그녀의 인생을 조명하는 여러 권의 책을 읽어보면 그 이유를 알 수가 있습니다. 세계에서 가장 바쁜 사람 중에 한 명인 그녀가 매일 거르지 않고 실천하는 일이 있는데 그게 바로 감사의 일기를 쓰는 것이라고 합니다. 그녀의 감사는 거창한 것들이 아닙니다. 그날그날 평범한 일들을 감사하는 제목으로 삼고 기록을 하는 것입니다. 그렇게 작은 일이지만 매일 감사하는 습관을 가졌을 때 하나님께서 자기를 오늘날과 같이 축복해 주셨다는 것입니다.

　감사는 불행을 물리치고 행복을 불러오는 비결입니다. 아무리 불행한 사람도 감사하면 불행이 떠나가고 행복이 찾아옵니다. 우리가 무엇을 감사해야 할까요? 첫째로, 구원의 은혜를 감사해야 합니다(11-12). 둘째로, 문제 해결의 은혜를 감사해야 합니다(13-24). 셋째로, 일용할 양식의 축복을 감사해야 합니다(25-26). 감사하는 사람이 행복한 사람입니다. 날마다 감사함으로 행복한 삶을 사시기 바랍니다.

집사님 한 분이 평생 신앙생활을 하다가 죽어서 천국을 갔습니다. 그가 천국에 입성하는 모습을 보신 예수님이 보좌에서 벌떡 일어나셔서 성문 밖까지 달려 나오시면서 수고했다고 하시면서 머리에 면류관을 씌워주셨습니다. 그다음에 장로님 한 분이 신앙생활을 하다가 죽어서 천국에 갔습니다. 보좌에 앉아계시던 예수님께서 그 모습을 보시고 벌떡 일어나서 내려오시면서 수고했다고 하시면서 역시 머리에 면류관을 씌워주셨습니다.

그다음에 목사님 한 분이 평생 신앙생활을 하다가 죽어서 천국에 갔습니다. 그런데 예수님께서 그 모습을 보시고 보좌에서 일어나시지도 않고 엉거주춤한 자세로 그냥 "수고 많이 했다"고만 하시더라는 것입니다. 그래서 목사님이 너무나 섭섭한 나머지 "예수님, 집사가 올 때는 성문 밖까지 달려 나오셔서 맞아주시고, 장로가 올 때는 보좌에서 내려오셔서 맞아주셨으면서 왜 목사인 제가 올 때는 일어나시지도 않으셨습니까?"하고 따졌습니다.

그러자 예수님께서 하시는 말씀이, "내가 이 보좌에서 내려가면 네가 이 보좌를 차지하고 앉을까 봐 일어나질 못하는 것이란다."라고 말씀하시더라는 것입니다. 이 우스운 이야기 속에 가시가 돋친 교훈이 들어있습니다. 목사님들이 '자리'를 좋아합니다. 목사의 자리는 섬김을 받는 자리가 아니라 섬기는 자리인데 오늘날 어쩌다가 목사의 자리가 섬김을 받는 자리가 되어버렸습니다. 그리고 더 나아가서 섬김받는 것을 당연하게 여기는 모습들도 볼 수가 있습니다.

우리가 평생 신앙생활 하다가 이다음 천국에 갈 때 예수님으로부터 환영을 받고 상을 받으려면 겸손으로 허리를 동이고 모든 사람들을 섬겨야 합니다. 겸손한 마음으로 사람들을 섬길 때 미처 알지 못했던 은혜와 축복을 받게 됩니다. 첫째로, 겸손하면 안식을 얻습니다(마 11:28, 29). 둘째로, 겸손하면 높임을 받습니다(벧전 5:5, 6). 셋째로, 겸손하면 은혜를 받습니다(약 4:6). 우리 모두 더욱 겸손해지기 바랍니다.

만족한 인생
(전 2:1-11)

옛날 한 성에 성주(城主)가 있었는데, 이 사람은 성을 다스리는 주인이기 때문에 남들보다 많은 것을 소유하고 풍요로운 삶을 살고 있었습니다. 그렇지만 늘 자기 삶에 만족이 없었습니다. 만족함이 없는 삶을 살던 그 성주가 깊은 병이 들게 되었습니다. 어느 날 지혜로운 점쟁이가 그 성주에게 "병을 고치시려면 항상 만족한 생활을 하는 사람을 찾아서 그 사람의 내복(內服)을 가져다가 입으면 나을 수가 있을 것입니다."하고 일러 주었습니다.

성주는 즉시 신하들에게 명령하기를 전 영토를 뒤져서라도 그런 사람을 찾아오라고 일렀습니다. 여러 달이 지나서야 신하들이 돌아왔습니다. "그래, 항상 만족한 생활을 하는 사람을 찾았는가?"라고 물었습니다. 신하가 말하기를 "예, 우여곡절 끝에 한 사람을 찾았습니다." 성주가 다급해서 묻기를 "그런데 어째서 빈손으로 돌아왔는가?" "예, 항상 만족한 삶을 살고 있는 사람을 찾았지만 안타깝게도 그 사람은 너무 가난해서 내복을 입지 않고 있었습니다."

이 이야기가 전해주는 메시지가 있습니다. 많은 것을 소유했으면서도 만족이 없는 삶을 사는 사람이 있는가 하면, 가난하게 살면서도 늘 감사하면서 만족한 삶을 사는 사람이 있는 것입니다. 행복한 사람은, 많은 것을 소유한 사람이 아니라 적은 것을 가지고 살면서도 늘 감사하면서 사는 사람입니다. 그렇기 때문에 행복한 사람이 되기를 원하신다면 내가 가진 것으로 족한 줄 알고 감사하는 마음을 가지고 살아야 합니다.

현대인들은 '만족 결핍증', '행복 결핍증'에 걸려있습니다. 도무지 만족이 없어서 어떻게 하면 만족한 삶을 살 수 있을까 하고 고민하는 모습들입니다. 여러분, 어떻게 하면 만족할 수가 있을까요? 첫째로, 영적으로 즐거워야 만족할 수 있습니다(전 2:1-11). 둘째로, 부부간에 다정하게 살아야 만족할 수 있습니다(전 9:9). 셋째로, 사람의 본분대로 살아야 만족할 수 있습니다(전 12:13).

면역력 강화
(고전 15:9-11)

몇 년 전 코로나19 사태를 겪으면서 면역력의 소중함을 절실하게 깨닫게 되었습니다. 신체적으로 면역력이 높은 사람은 전염병에 감염될 확률이 낮고 상대적으로 면역력이 떨어지는 사람은 아무래도 바이러스에 감염될 확률이 높은 게 사실입니다. 기저질환을 앓고 있는 분들이 사람들이 특히 모인 곳을 피하도록 권면하는 이유도 면역력이 낮아서 감염될 확률이 더 높기 때문입니다.

면역(免疫)을 영어로 'immune' 혹은 'immunity'라고 하는데 '면제' 혹은 '면제받은 자'라는 뜻입니다. 해로운 것으로부터 면제를 받으면 좋은 일입니다. 전염병이 유행할 때 감염되지 않고 면제를 받을 수 있다면 좋은 일입니다. 현대인들이 다 각종 바이러스에 감염되는 것을 다 두려워하는데 고통스럽게 하는 악성 바이러스 감염을 피하기 위해서는 면역력을 길러야 합니다.

신체적으로만 면역력이 필요한 것이 아니고 신앙적으로도 면역력이 필요합니다. 신앙생활하는 중에 '시험에 들었다', '상처를 받았다', '기분이 나쁘다', '무엇 때문에 섭섭하다'는 말을 유난히 자주 표출하는 분들이 있는데 이런 분들은 영적으로 연약하고 신앙적인 면역력이 약해서 그런 것입니다. 신앙적인 면역력이 강한 사람은 섭섭한 말을 듣거나 상처가 되는 말을 듣더라도 마음에 담아두거나 시험에 들지 않고 믿음으로 잘 소화를 시킵니다.

평생을 건강하게 살아가는 것은 행복한 일입니다. 그와 마찬가지로 평생 시험에 들지 않고 바른 신앙생활을 영위하는 것은 행복한 일입니다. 육체적으로도 건강하고 영적으로도 건강한 삶을 살아가도록 노력해야 합니다. 신앙적인 면역력을 강화하기 위해서는 어떤 노력을 기울이면 될까요? 첫째로, 은혜를 사모해야 합니다(고전 15:10). 둘째로, 말씀으로 무장해야 합니다(계 12:11, 12). 셋째로, 기도를 강화해야 합니다(벧전 4:7). 모두 면역력을 강화하셔서 건강한 신앙생활을 하시기 바랍니다.

구별할 내용
(출 20:8-11)

이 시대의 선지자로 불리울 만큼 하나님의 영성을 가지고 목회 사역을 감당하셨던 분이 〈에이든 W. 토저〉(Aiden Wilson Tozer, 1897-1963) 목사님이십니다. 그는 세상을 흉내 내기에 바쁘고 세상을 닮아가는 교회를 안타깝게 여긴 나머지 교회를 향하여 '세상과 충돌하라'는 책을 썼습니다. 그 책에서 그는 이렇게 지적하고 있습니다. "그리스도인들이여, 무릎 꿇고 세상을 흉내 내지 말라! 적당히 타협하면서 살고 있는가? 하나님은 그 편한 길을 철저히 반대하신다. 세상과 불화하라! 겁먹지 말고 당당히 맞서라!"라고 역설하고 있습니다.

그는 교회의 개혁을 강조하면서, 과거에 교회는 세상을 리드했지만 지금의 교회는 세상의 리드를 당하고 있다고 했습니다. 과거에 그리스도인들은 세상을 주도했지만 지금의 그리스도인들은 세상의 주도를 당하고 있다고 했습니다. 지금의 교회와 성도들은 비굴할 만큼 무릎을 꿇고 세상을 흉내 내기에 바쁘다고 했습니다. 오늘날 교회와 성도들이 이렇게 된 것은 바로 세상의 비위를 맞추고 세상과 혼합했기 때문이라고 했습니다.

　교회의 개혁을 외치는 그의 주장이 하나도 틀린 게 없습니다. 교회와 성도들이 과거처럼 세상을 리드하는 영적인 주도권을 회복하려면 세상과 구별되어야 합니다. 타락한 세상과 혼합되어서는 계속 세상의 리드를 당하게 될 것이고, 더 나아가서는 세상으로부터 외면을 당하고 굴욕을 당하게 될 것입니다. 그러나 세상과 구별되고 교회로서의 거룩한 모습을 회복한다면 세상을 변화시키고 더 나아가서 세상을 주도하게 될 것입니다.

　올바른 신앙생활은 하나님의 것을 제대로 구별할 줄 아는 데서 비롯될 수가 있습니다. 우리가 목숨을 걸고 구별해야 할 것이 있습니다. 무엇을 구별해야 할까요? 첫째는, 믿음으로 주일을 구별해야 합니다(출 20:10). 둘째로, 믿음으로 물질을 구별해야 합니다(대하 31:6). 셋째로, 믿음으로 육체를 구별해야 합니다(롬 6:12, 13). 이렇게 기본적인 것을 구별하는 것은 교회의 거룩성을 회복하는 길입니다.

권면할 일들
(행 14:19-28)

한국은행에서 발행하는 오천 원권 지폐에 〈율곡 이이〉선생의 초상화가 그려져 있습니다. 과거 우리나라의 역사적 인물들 가운데 〈율곡 이이〉선생은 대단히 훌륭한 분입니다. 그는 13세 때 처음 과거시험에 합격을 한 후 아홉 번이나 연속으로 합격을 해서 '신동'이라는 칭송을 받았습니다. 그리고 29세 때는 장원급제를 해서 젊은 나이에 벼슬길에 올라서 이조판서, 호조판서, 병조판서를 지냈고, 대제학이라는 높은 관직을 두루 역임하였습니다.

그가 중요한 관직에 올랐을 때 우리나라의 정치판은 부패할 대로 부패해 있었습니다. 그래서 그는 목숨을 걸고 임금에게 두 가지 중요한 내용의 상소문을 올렸습니다. 첫째는, 나라가 바로 서기 위해서는 이전투구(泥田鬪狗)에 몰두해 있는 정치판을 개혁해야 한다는 것이었고, 둘째는, 10만 대군을 양성해서 국방의 힘을 길러야 한다고 했습니다. 그런데 안타깝게도 그의 목숨을 건 충고와 권면을 귀담아 듣는 사람이 아무도 없었습니다. 그로부터 얼마 후에 임진왜란이 일어났고 7년 동안 왜군들에게 온 나라가 유린을 당하는 아픔을 겪어야 했습니다.

바른 양심을 가진 한 사람의 목숨을 걸고 하는 권면을 듣지 않고 외면한 대가가 너무나 참혹했습니다. 미래를 내다보는 안목을 가진 사람의 권면이나, 바른 양심을 가진 사람의 권면은 귀담아서 듣고 절대적으로 받아들여야 합니다. 이스라엘 백성들이 하나님의 심판을 받고 멸망을 당한 까닭은 바로 선지자들의 권면을 받아들이지 않았기 때문입니다. 성경은 권면을 받을 줄 아는 사람이 지혜가 있는 사람이라고 말씀하고 있습니다(잠 13:10).

우리의 신앙생활 가운데 권면이 필요합니다. 그래서 성경은 피차에 서로 권면하라고 말씀하고 있습니다. 신앙생활 가운데 서로 권면해야 할 일들이 어떤 것일까요? 첫째는, 적극적으로 신앙을 권면해야 합니다(행 14:21-22). 둘째는, 적극적으로 예배를 권면해야 합니다(히 10:24-25). 셋째는, 적극적으로 회해를 권면해야 합니다(고후 5:18-19). 그래서 하나님 보시기에 복된 삶을 살아가시기 바랍니다.

담대할 일들
(행 4:23-31)

    기업체에서 신입 사원을 뽑을 때 선발된 신입 사원들을 대상으로 극기 훈련 내지는 담력 훈련을 실시한다고 합니다. 며칠 동안 해병대 훈련소에 입소를 시켜서 인내의 한계성을 느낄 정도로 극기 훈련과 담력 훈련을 시키는데 그 훈련을 잘 견디어 내는 사람들을 해당 부서에 배치를 해서 업무에 임하게 합니다. 그렇게 신입 사원들에게 극기 훈련과 담력 훈련을 실시하는 것은 직장생활을 해 나가는데 있어서 협동심과 인내심과 담력이 필요하기 때문입니다.

    신앙생활에도 협동심과 인내심과 담대함이 필요합니다. 왜냐하면 신앙생활은 마라톤 경기와 같은 것이기 때문에 인내심이 필요하고, 함께 하는 것이기 때문에 협동심이 필요하고, 또 생각지 않은 어려운 일들을 많이 당하기 때문에 담대함이 필요합니다. 협동심이 없고 인내심이 없고 담대함이 없는 사람은 신앙생활을 하다가 좀 힘겨운 일을 당할 때 견디질 못하고 낙심하거나 좌절을 하게 됩니다. 힘들어도 포기할 수 없고 고난을 당해도 포기할 수 없는 것이 신앙생활이기 때문에 인내심과 담대함이 요구됩니다.

　그런데 우리가 가져야 할 담대함은 극기 훈련을 통해서 얻을 수 있는 그런 것이 아니고, 전능하신 하나님을 믿는 믿음으로 얻을 수 있는 담대함이 있어야 합니다. 마치 〈요단강〉을 건너가는 일과 〈가나안〉땅 정복을 앞두고 있던 〈여호수아〉가 하나님을 믿음으로 강하고 담대했던 것처럼, 영적인 전쟁을 치루고 믿음의 선한 싸움을 싸워야 하는 우리에게도 담대한 믿음이 필요합니다. 믿음이 없고 담대함이 없으면 절대로 신앙생활을 승리할 수가 없습니다.

　신앙생활을 해나가는 중에 특히 담대함이 필요한 부분들이 있습니다. 그 필요한 부분들마다 담대하면 아주 멋진 그리스도인이 될 수 있을 것입니다. 첫째로, 우리는 복음 앞에 담대해야 합니다(행 4:29, 31). 둘째로, 우리는 기도할 때 담대해야 합니다(요일 5:14, 15). 셋째로, 우리는 환난 중에 담대해야 합니다(요 16:33, 히 13:6). 우리 모두 믿음을 잘 지키고 하나님 앞에 이긴 자들로 설 수 있기를 바랍니다.

봉사의 자세
(벧전 4:7-11)

　옛날 러시아의 〈니콜라이〉 황제(1825년-1855년)가 나라를 다스리던 때 그 나라에 한 충성된 군인 장교가 있었는데 이런저런 일로 인해서 사람들에게 많은 빚을 지게 되었습니다. 어느 날 군대 막사(幕舍)에서 자신이 다른 사람에게 갚아야 할 빚의 액수를 종이에 적어보다가 액수가 너무 많아서 자기 능력으로는 도저히 그 빚을 갚을 수가 없음을 알고 크게 낙담을 했습니다. 그래서 빚의 액수를 적은 끝에다가 "이 태산 같은 빚을 누가 갚아줄 이가 있겠는가?"라고 탄식하는 글귀를 적어 놓고 잠자리에 들게 되었습니다.

　그 당시 〈니콜라이〉 황제가 종종 군대를 시찰하고 다녔는데, 마침 황제가 그 부대를 시찰하다가 사병들의 막사를 둘러보던 중에 그 장교가 책상 위에 적어 놓은 탄식하는 글귀를 보게 되었습니다. "이 태산 같은 빚을 누가 갚아줄 이가 있겠는가?"라는 글귀를 읽고 감동이 되어서 그 밑에다가 '니콜라이 황제'라고 적어놓고 나갔습니다. 이튿날 아침 그 장교가 일어나서 종이 위에 적혀있는 황제의 이름을 보고 크게 놀랐습니다.

바로 그날 밤에 〈니콜라이〉 황제가 다시 그 부대를 찾아와서 그 장교가 걱정하고 탄식하던 빚을 다 갚을 만한 돈을 하사해 주었습니다. 그 장교는 너무나 감격한 나머지 황제와 나라를 위해서 자신의 남은 생애를 다 바쳐서 충성을 했습니다.

우리는 하나님을 위해서 그보다 더 충성된 믿음으로 헌신하고 봉사해야 합니다. 왜냐하면 하나님은 우리에게 그보다 더 엄청난 관심과 사랑과 은혜를 베풀어 주셨기 때문입니다.

하나님의 사랑과 은혜를 깨달은 사람은 반드시 주님을 위해서 헌신하고 싶은 마음과 봉사하고 싶은 마음이 일어나게 됩니다. 그렇다면 우리가 봉사를 하되 어떻게 봉사해야 할까요? 첫째는, 겸손한 마음으로 봉사해야 합니다(벧전 4:10-11). 둘째는, 받은바 은사대로 봉사해야 합니다(롬 12:4-8). 셋째는, 믿음의 분량대로 봉사해야 합니다(눅 10:40-42). 우리 모두 봉사하는 아름다운 삶을 사시기 바랍니다.

신언의 능력
(민 14:1-10)

인간이 갖고 있는 소중한 것 중의 하나가 언어(言語)입니다. 언어를 가졌다는 것은 대단한 축복입니다. 언어가 있기 때문에 사상이 만들어지고, 언어가 있기 때문에 문화가 만들어지고, 언어가 있기 때문에 역사가 발전을 합니다. 그리고 언어가 있기 때문에 자신의 감정을 표현하기도 합니다. 모든 문학 작품도 언어를 문자화한 것입니다. 그러므로 언어의 힘은 참으로 놀라운 것입니다. 말 한마디로 인해서 낙심했던 사람이 소망을 얻기도 하고, 말 한마디에 삶의 목적이 달라지기도 합니다. 참으로 언어는 놀라운 힘을 가지고 있습니다.

언어는 사람의 형편과 처지를 만듭니다. 사람들의 형편과 처지를 가만히 살펴보면 그 사람이 자주 쓰는 언어와 관련이 있음을 알 수가 있습니다. 행복한 사람은 '행복하다'는 말을 자주 쓰고, 불행한 사람은 '불행하다'는 말을 자주 씁니다. 기쁨이 넘치는 사람은 '기쁘다'는 표현을 자주 쓰고, 슬픔이 가득한 사람은 '슬프다'는 표현을 자주 쓰기 때문에 슬퍼지는 것입니다. 내 입에서 나가는 말은 반드시 내 삶의 형편과 처지에 영향을 미치게 됩니다.

 누에가 자기 입에서 나오는 실에 몸이 갇혀버리는 것처럼 사람도 자기 입에서 나오는 말에 갇히게 됩니다. 그러므로 하나님을 믿는 사람들은 믿음의 말을 많이 해야 합니다. 부정적인 말보다 긍정적인 말을 하고, 절망적인 말보다 소망적인 말을 해야 합니다. "안된다, 못한다, 할 수 없다"는 말을 하지 말고 "할 수 있다, 하면 된다, 해보자!"라는 말을 해야 합니다. 기쁨의 언어를 사용해야 기뻐지고, 행복의 언어를 사용해야 행복해질 수 있습니다.

 특히 한 해를 시작하는 신년 벽두라면 우리는 언어의 중요성을 알고 의도적으로라도 믿음의 언어를 많이 하도록 노력해야 합니다. 그렇다면 믿음의 말이 가져다주는 유익이 어떤 것일까요? 첫째, 신언은 환경을 극복하게 합니다(7, 8). 둘째, 신언은 소망을 성취하게 합니다(24). 셋째, 신언은 고난을 단축하게 합니다(34). 세상이 매우 혼란하고 어지러운 이때 믿음의 말을 많이 하므로 복된 한 해를 사시기 바랍니다.

양보의 축복
(창 13:8-18)

하늘을 날고 있던 작은 경비행기 한대가 갑자기 고장이 났습니다. 그 비행기 안에는 조종사와 기업인과 판사와 목사와 학생 모두 다섯 명이 타고 있었습니다. 이제 탈출을 해야 했습니다. 그런데 안타깝게도 그 비행기에는 낙하산이 네 개밖에 없었습니다. 이때였습니다. 가장 먼저 조종사가 자기는 앞으로 해야 할 일이 많다면서 낙하산을 안고 뛰어내렸습니다. 그다음에 기업인이 세계 경제를 걱정하면서 낙하산을 안고 뛰어내렸습니다. 그다음에 옆에서 눈치를 보고 있던 판사가 사회 정의를 위해서 자신이 살아야 한다면서 재빠르게 낙하산을 안고 뛰어내렸습니다.

이제 마지막 남은 낙하산은 한 개 뿐인지라 목사님이 학생을 보고 어서 빨리 그 낙하산을 타고 뛰어내리라고 했습니다. 그러자 학생이 "목사님, 여기 낙하산이 두 개가 있어요."라고 하는 것이었습니다. 그래서 "아니 세 사람이 가지고 뛰어 내렸는데 어떻게 두 개가 있단 말이냐?"라고 했습니다. 그러자 학생이 하는 말이 "조금 전에 판사님이 제 책가방을 낙하산인 줄 알고 그걸 안고 뛰어내렸기 때문에 두 개가 남은 것입니다."라고 했습니다.

　이 우스운 이야기 속에 들어있는 중요한 메시지는, 양보할 줄을 모르고 나만 살겠다고 서두르다 보면 도리어 망하는 수가 있다는 것입니다. 그러나 남에게 우선순위를 양보하면 손해를 볼 것 같지만 결국 복을 받고 내가 더 잘되는 수가 있습니다. 양보하는 것은 하나의 미덕일 뿐만 아니라 복을 받고 잘 되는 비결이기도 합니다. 생존 경쟁이 치열한 인간 사회 속에서 양보한다는 것이 그리 쉬운 일이 아닙니다. 그렇기에 양보할 줄 아는 사람이 귀한 사람입니다.

　여러분은 언제 자신의 중요한 권리를 양보해 보신 적이 있으십니까? 그러시다면 여러분은 아주 귀한 사람이요 복을 받을 사람입니다. 양보하는 사람에게 어떤 결과가 있을까요? 첫째로, 양보하면 나중이 잘됩니다(창 13:8-18). 둘째로, 양보하면 자녀가 잘됩니다(삼상 18:1-5). 셋째로, 양보하면 높임을 받습니다(눅 14:7-11). 생존경쟁이 치열한 시대에 서로 양보하는 성숙한 삶을 사시기 바랍니다.

언제나 항상
(벧전 3:13-16)

우리나라 불교계에서 가장 큰 스님으로 존경을 받는 분이 바로 성철 스님이십니다. 그가 입적하시기 전에 남긴 법어 중에 "산은 산이요 물은 물이로다"라는 내용이 있습니다. 그 법어의 내용은 알 듯 모를 듯한 유명한 말로 회자되고 있습니다. 산을 산이라고 하고 물을 물이라고 하는 것은 유치원생들도 표현할 수 있는 말인데, 그 말이 왜 그렇게 유명한 말로 회자되는 것일까요? 불교의 가장 큰 스님인 그가 유치원생 수준의 말을 한 것은 아닐 것입니다.

그 말을 곰곰이 생각해 보면 너무나 변화무상한 세상을 꼬집어서 한 말이 아닌가 생각됩니다. 산은 항상 산이어야지 물이 되면 안 됩니다. 물은 항상 물이어야지 산으로 변해서는 안 됩니다. 그리고 산을 산으로만 보아야지 물이 되기를 기대해서는 안 되고, 물을 물로만 보아야지 산이 되기를 기대해서도 안 됩니다. 산이 산으로 있지 않고 물이 되거나 물이 물로 있지 않고 산이 되면 이 세상은 난장판으로 변하고 말 것입니다.

지금의 세상은 너무나 급변하는 세대입니다. 그래서 변화하지 않거나 변화에 적응하지 못하는 사람은 시대에 뒤떨어진 사람으로 취급하는 경향들이 있습니다. 그러나 변하는 것이 다 좋은 것은 아닙니다. 세상이 다 변해도 변하지 말아야 할 것은 변하지 말아야 합니다. 변화무상한 세상에서 성도들이 고집스럽게 변하지 않도록 노력해야 할 것이 있는데 바로 하나님을 섬기는 신앙입니다. 신앙이 변하면 모든 것이 다 끝이기 때문입니다. 변하지 않는 신앙의 기초 위에서 우리가 항상 노력해야 할 일들이 있습니다.

성경 말씀 가운데 "항상"이란 단어가 따라붙는 말씀이 의외로 많습니다. 우리가 소홀히 하지 않고 항상 준비하고 노력해야 할 것이 무엇일까요? 첫째는, 항상 대답할 소망의 말을 준비해야 합니다(벧전 3:15). 둘째는, 항상 말씀에 복종하는 삶을 살아야 합니다(빌 2:12). 셋째는, 항상 언제나 깨끗한 양심을 지켜야 합니다(행 24:16). 변화무상한 세상에서 분명한 믿음의 정체성을 가지고 일관된 삶을 사시기 바랍니다.

대단한 용서
(마 18:21-35)

1999년 7월 4일이었습니다. 그날은 미국 독립기념일이면서 주일이었습니다. 그 당시 인디애나 주립대학에서 석사 과정을 공부하고 있던 아주 장래가 촉망되는 〈윤원준〉이란 한국 학생이 있었습니다. 그가 주일 예배를 드리기 위해서 〈불루밍턴〉에 있는 한 교회로 들어가던 중에 난데없이 날아온 총탄에 맞아서 영문도 모른 채 목숨을 잃고 말았습니다. 〈벤자민 스미스〉라는 백인 우월주의자가 무차별로 난사한 총에 맞아서 사망한 것입니다.

며칠 뒤에 그의 장례식이 열렸는데, 장례식 순서 가운데 그의 형이 조문객들에게 다음과 같은 인사를 했습니다. "우리는 지금 그의 목소리를 듣습니다. 예수그리스도의 이름으로 〈벤자민 스미스〉를 용서하며, 미국을 용서하겠다는 그의 목소리를 듣습니다. 우리는 동생을 죽인 〈벤자민 스미스〉와 미국을 예수님의 이름으로 용서합니다."

그 장례식에 참석했던 대부분의 사람들이 그 인사말을 들으면서 북받쳐 오르는 감정을 억제하지 못하고 눈시울을 붉히면서 흐느껴 울었습니다. 그리고 장례식이 끝난 후 미국 사람들이 "그의 인사말을 들으면서 마치 온 몸이 감전된 것처럼 전율을 느꼈습니다."라고 표현을 했습니다. 이처럼 용서는 아름다운 것이고, 용서는 전율을 느끼게 할 만큼 위대한 것입니다. 기독교를 가리켜서 사랑의 종교라고 합니다. 사랑의 뿌리가 바로 용서입니다. 용서가 없는 사랑은 진정한 사랑이 아니며, 용서가 없는 사랑은 아무런 의미가 없습니다.

하나님을 믿는 기독교인이라면 남을 용서할 줄 아는 사람이 되어야 합니다. 성경은 원수까지도 용서하라고 말씀하고 있습니다. 왜 우리가 남을 용서해야 할까요? 첫째는, 용서는 예수님이 원하시는 것이기 때문입니다(마 18:21-35). 둘째는, 용서는 용서받을 수 있는 조건이기 때문입니다(막 11:25-26). 셋째는, 용서는 승자 인생이 되는 비결이기 때문입니다(창 45:1-15). 한 해를 마무리하고 새롭게 한 해를 시작하는 이때에 모든 사람을 용서하고 그에 따르는 은혜와 평강을 누리시기 바랍니다.

저축할 내용
(창 41:46-57)

〈영국〉 일간지 〈더 타임스〉에 보도된 내용에 의하면, 〈영국 교육과정 평가원〉이 새로운 아동 교육개혁 방안을 발표했습니다. 그 내용을 살펴보면 11세-16세까지 중등학교 학생들을 대상으로 금융교육을 학교 정규 과목으로 가르친다는 것입니다. 수학을 배우고 과학을 배우는 것처럼 이 수업을 통해서 스스로 부채를 관리하는 것을 배우고, 자신의 장래를 위해서 연금 계획 짜는 것을 배우고, 금리를 계산하는 방법을 배우게 된다고 합니다.

그리고 오는 9월부터는 모든 〈영국〉의 5세 된 아동들에게는 정부로부터 250파운드가 지원되어서 자신의 펀드를 개설하게 된다고 합니다. 일반 가정의 아동들에게는 250파운드(약 500달러)의 펀드 자금이 지원되고 저소득층 아동들에게는 500파운드의 펀드 자금이 지원된다고 합니다. 영국 정부가 이렇게 어린 아이들에게 조기금융교육을 실시하는 까닭은 매년 해마다 개인 파산 신청자들이 늘어나는데 대한 대처 방안이라고 합니다.

옛날에는 사람이 일찍 돈을 알면 좋지 않다고 해서 어린아이들에게 돈에 대해서 가르치지 않았습니다. 그러나 지금은 시대가 변했기 때문에 돈을 가르칠 필요가 있게 되었습니다. 돈의 가치를 알게 해야 하고, 올바르게 돈버는 방법을 가르쳐야 하고, 올바르게 돈을 저축하는 방법을 가르쳐야 합니다. 그렇게 되면 보다 더 안정된 내일을 살 수 있게 될 것입니다. 안정된 내일을 사는데 있어서 저축하는 것보다 더 좋은 방법은 없다고 생각합니다.

우리 그리스도인들이 신앙생활 가운데 꼭 저축해야 할 것들이 있습니다. 많이 저축할수록 보다 나은 내일을 보장해 주는 것들이 있습니다. 우리가 저축해야 할 것들이 무엇일까요? 첫째로, 물질을 저축해야 합니다(창 41:46-57). 둘째로, 기도를 저축해야 합니다(시 32:6-7). 셋째로, 선행을 저축해야 합니다(딤전 6:17-19). 필요하고 좋은 것들을 많이 저축해서 오늘보다 내일이 더 안정되고 행복하시기 바랍니다.

필요한 절제
(창 2:4-17)

〈이탈리아〉에 가면 〈폼페이〉라는 고대 도시가 있습니다. 그 도시는 A.D.79년 8월 24일에 갑자기 〈베스비우스〉화산이 폭발하면서 쏟아진 엄청난 용암과 화산재에 묻혀서 완전히 폐허가 되어버리고 말았습니다. 서기 1,700년대부터 발굴이 이루어지기 시작을 했는데 지금까지 300년이 넘도록 계속해서 발굴 작업이 진행되고 있습니다. 그렇게 오랫동안 발굴 작업이 이루어지는 것을 보면 그 당시에 얼마나 엄청난 재앙이었는가를 짐작해 볼 수가 있습니다.

그 〈폼페이〉를 가보고 그 도시가 왜 그렇게 끔찍한 재앙을 당하였는지를 알 수가 있었습니다. 그 원인은 바로 음란과 타락과 무절제한 생활 때문이었습니다. 한 가지 예를 들자면, 그 당시에 도시 전체가 술집으로 가득 차 있었는데, 그 술집마다 화려한 연회실이 있었고, 그 연회실 옆에는 '토하는 방'이라는 방이 따로 있었습니다. 술을 마시다가 취하면 토하는 방으로 가서 토해낸 다음에 들어가서 다시 술을 마시고 쾌락을 즐겼던 것입니다. 그 당시 그들의 생활이 얼마나 무절제하고 타락한 생활이었는지를 말해 주는 것입니다.

그들의 무절제하고 방탕한 삶이 결국은 무서운 재앙을 불러왔던 것입니다. 그것은 〈폼페이〉만 그런 것이 아닙니다. 하나님의 심판을 받은 〈노아〉시대가 그랬고, 〈소돔〉과 〈고모라〉가 그랬습니다. 그들의 생활은 한결같이 무절제했고, 방탕한 삶을 즐기다가 하나님의 무서운 심판을 받고 말았습니다. 예수님께서 말씀하시기를, 말세가 되면 마치 그 시대와 같을 것이라고 하셨습니다. 그렇기 때문에 지금은 모든 면에 있어서 절제가 필요합니다.

절제는 꼭 신앙생활에만 필요한 것이 아니라 세상을 살아가는 모든 면에 있어서 꼭 필요한 것입니다. 우리가 왜 절제하는 삶을 살아야 할까요? 첫째로, 절제는 하나님의 명령이기 때문입니다(창 2:16-17). 둘째로, 절제는 유익함의 비결이기 때문입니다(딤전 4:6-8). 셋째로, 절제는 인생 승리의 비결이기 때문입니다(고전 9:25-17). 모든 일에 절제하며 사시기 바랍니다.

관리의 책임
(갈 1:6-10)

우리나라의 TV 방송 프로 가운데 '그것이 알고 싶다'라는 프로가 있습니다. 그 프로에서 얼마 전 〈벼락부자, 그 후–부자라서 행복하십니까?〉라는 제목으로 방송을 했습니다. 출연자인 한기수씨(가명)는 로또 복권 1등 170억 원에 당첨이 되어서 하루아침에 벼락부자가 되고 인생 역전의 기회를 맞이하였습니다. 부부간에 유난히 금슬이 좋았던 사람이었습니다. 그런데 그 거금(巨金)을 관리하는 문제를 가지고 부부가 서로 다투다가 9개월 만에 합의 이혼을 하고 가정이 쪼개지고 말았습니다.

충청도 한 시골 마을에서 3대째 농사를 짓고 살던 양만철씨(가명)의 경우 토지 보상금으로 120억 원의 거금을 받고 벼락부자가 되었습니다. 그런데 그 토지 보상을 받는 과정에 동네 이웃들과 관계가 멀어졌고, 그 일 때문에 우울해하다가 어느 날 농약을 마시고 자살을 하고 말았습니다. 돈 때문에 자기 아버지를 잃고 좋은 이웃을 잃은 그의 아들이 말하기를 "지금보다 이전의 삶이 훨씬 더 행복했습니다."라고 고백하는 말을 들었습니다.

부자가 되고 싶은 욕망은 누구에게나 다 있습니다. 갑자기 큰돈이 생기고 큰 부자가 되는 것은 분명히 좋은 일입니다. 그런데 큰돈이 생겨서 부자가 되는 것보다 더 중요한 것은 그 큰돈을 어떻게 잘 다스리고 관리하느냐 하는 것입니다. 아무리 돈이 좋은 것이지만 그 돈을 제대로 관리하지 못하고 다스리지 못하면 도리어 화(禍)가 되고 재앙(災殃)이 될 수가 있다는 것을 우리는 알아야 합니다.

하나님은 우리에게 돈뿐만 아니라 너무나 귀한 것들을 주셨습니다. 하나님이 주신 그 귀한 것들을 제대로 잘 관리하지 못하면 더 이상 귀한 것이 될 수가 없습니다. 우리가 귀하게 여기고 잘 관리해야 할 것들이 어떤 것일까요? 첫째로, 받은 은혜를 잘 관리해야 합니다(갈 1:6-7). 둘째로, 주신 시간을 잘 관리해야 합니다(엡 5:16-18). 셋째로, 주신 물질을 잘 관리해야 합니다(요 6:11-12). 하나님께서 주신 소중한 것을 잘 관리해서 행복한 삶을 사시기 바랍니다.

침착한 대응
(욥 23:1-17)

러시아의 대문호 〈톨스토이〉의 글에 이런 이야기가 있습니다. 한 나그네가 쫓아오는 호랑이를 피해서 도망을 가다가 그만 절벽 낭떠러지에 다다르게 되었습니다. 마침 절벽에 뻗어 있는 칡넝쿨을 잡고 벼랑 끝에 매달려서 겨우 호랑이의 추격을 피할 수가 있었습니다. 그런데 정신을 차리고 밑을 내려다보니까 커다란 뱀이 입을 벌리고 자기가 떨어지기를 기다리고 있었습니다. 너무나 놀란 나그네가 위를 쳐다보니까 간신히 붙잡고 있는 칡넝쿨을 흰 쥐와 까만 쥐가 갉아먹고 있었습니다. 톨스토이는 이것이 바로 우리 인생이라고 했습니다.

우리가 인생을 살다 보면 평안하고 좋은 날을 만날 때도 있지만 톨스토이가 표현한 것같이 그런 극한 상황을 만날 때도 있습니다. 우리가 길을 걸어가다 보면 내리막길이 있는가 하면 오르막길이 있는 것처럼, 우리 인생길에는 평안할 때도 있지만 역경을 만날 때도 있습니다. 이런 상반된 두 가지 상황을 만날 때 우리가 어떻게 해야 합니까? 성경은 "형통할 때는 기뻐하고 곤고할 때는 생각하라"고 말씀하고 있습니다(전 7:14).

그런데 형통할 때 기뻐하라는 것은 알겠는데 "곤고할 때 생각하라"는 말씀의 의미는 무엇일까요? 그 말의 의미는 바로 이런 것입니다. 곤고한 일이 닥쳐올 때 당황하거나 낙심하지 말고 침착하게 왜 이런 곤고한 일이 닥쳐왔는지를 생각해 보라는 것입니다. 그리고 이 곤고한 일 속에 담겨있는 하나님의 선하신 뜻이 무엇일까를 생각해 보라는 뜻입니다. 어려운 일을 만날수록 당황하지 말고 침착해야 합니다. 침착하면 반드시 피할 길이 보입니다.

옛말에 하늘이 무너져도 솟아날 구멍이 있다고 했습니다. 사방이 가로막힌 것 같아도 반드시 피할 길이 있습니다. 우리가 특별히 침착해야 할 때가 언제일까요? 첫째로, 고난을 당할 때 침착해야 합니다(욥 23:8-9). 둘째로, 위기를 만날 때 침착해야 합니다(행 27:20, 25). 셋째로, 비난을 당할 때 침착해야 합니다(느 4:1-4). 지금은 우리가 처한 모든 상황들이 침착함을 요하고 있습니다. 항상 침착하시기 바랍니다.

따뜻한 격려
(약 2:2-3)

　오래전 미국 〈테네시〉주의 한 작은 마을에 〈벤 후퍼〉라는 아이가 태어났습니다. 그는 몹시도 몸집이 작은 데다가 아버지가 누군지 알 수 없는 사생아(私生兒)였습니다. 마을 어른들은 자기 자녀가 사생아인 〈벤 후퍼〉와 함께 노는 것을 원치 않았습니다. 그리고 동네 아이들은 그를 보고 사생아라고 놀려대기 일쑤였습니다. 그의 어린 시절은 온 동네 사람들로부터 천덕꾸러기 취급을 받고 상처만 가득한 그런 불행한 삶이었습니다.
　그가 12살이 되던 해에 마을에 있는 교회에 젊은 목사님이 새로 부임을 해오셨습니다. 한 번도 교회를 가본 적이 없는 〈벤 후퍼〉는 목사님이 참 좋은 분이라는 소문을 듣고 자기도 한 번 그 교회를 가보고 싶었습니다. 어느 주일날 그는 용기를 내서 교회를 찾아가기 시작했습니다. 그렇게 예배가 시작된 후에 예배당에 들어갔다가 목사님의 축도가 끝나면 몰래 빠져나오기를 몇 주간 계속하게 되었습니다. 물론 교회에서 그에게 관심을 가져주는 사람은 아무도 없었습니다.

그런데 그의 모습을 지켜보신 목사님이 어느 날 예배가 끝난 후 그에게 다가와서 "너는 하나님의 아들이야! 네 모습을 보면 그걸 알 수가 있어, 하나님의 아들답게 훌륭한 사람이 되어야 한다."하고 어깨를 두드리며 격려를 해주었습니다. 세월이 지난 후 그는 〈테네시〉주의 주지사가 되었습니다. 그가 주지사로 취임하던 날 다음과 같이 말했습니다. "제가 그때 그 목사님을 만나서 내가 하나님의 아들이라는 말을 듣던 그날이 바로 테네시주의 주지사가 태어난 날입니다." 목사님의 칭찬과 격려가 〈벤 후퍼〉의 일생을 바꿔 놓았던 것입니다.

격려(激勵)하는 말은 용기(勇氣)와 희망(希望)을 불어넣어 주고 자존감(自尊感)을 가지게 해주어서 사람의 일생을 바꿔놓을 수가 있습니다. 우리는 누구를 격려해야 할까요? 첫째로, 부부간에 칭찬하고 격려해야 합니다(약 2:2-3). 둘째로, 자녀들을 칭찬하고 격려해야 합니다(엡 6:4). 셋째로, 목회자를 칭찬하고 격려해야 합니다(왕상 19:1-8). 서로 칭찬하고 격려하므로 행복한 삶을 살아가시기 바랍니다.

칭찬이 보약
(마 15:21-28)

　오랫동안 목회를 하시던 목사님과 총알택시 운전사가 천국에 가게 되었습니다. 목사님은 자기가 당연히 총알택시 운전사보다 훨씬 더 칭찬을 받을 것으로 기대를 했습니다. 그런데 하나님께서는 자기보다 총알택시 운전사를 더 칭찬하셨습니다. 목사님은 너무도 어이가 없어서 하나님께 "왜 총알택시 운전사를 더 칭찬하십니까?"하고 물어 보았습니다. 하나님께서 말씀하시기를 "너는 그동안 설교를 하면서 항상 사람들을 졸게 했지만 이 총알택시 운전사는 그동안 너무나 많은 사람들을 긴장시키고 기도하게 했기 때문이다."고 말씀하시더랍니다.
　저는 이다음에 하나님께 칭찬받는 목사가 되기를 원합니다. 인간에게는 누구나 〈인정받고 싶은 욕구〉가 있습니다. 인간의 욕구 중에 생리적인 욕구 다음으로 강한 욕구가 바로 인정받고 싶은 욕구입니다. 아이들은 부모에게 인정받고 싶어 하고, 학생은 선생에게 인정받고 싶어 하고, 아내는 남편에게 인정받고 싶어 하고, 남편은 아내에게 인정받고 싶어 하고, 성도는 목사에게 인정받고 싶어 하고, 목사는 성도들에게 인정받고 싶어 합니다.

　예수님께서 〈수로보니게〉여인을 보시고 믿음이 크다고 칭찬하셨습니다. 자존감이 낮아져 있던 그녀가 얼마나 자존감이 높아지고 행복했을까요? 믿음이 칭찬을 받은 결과 그녀의 고민거리가 해결되었고, 자기 힘으로는 도무지 해결할 수 없는 문제가 해결되었습니다. 예수님께 칭찬받은 그날을 그녀는 평생 잊을 수가 없었을 것입니다. 칭찬은 사람의 자존감을 높여주고 삶의 활력을 불어넣어 줍니다.

　칭찬이 우리에게 주는 영향이 정말 대단합니다. 첫째는, 칭찬은 귀로 먹는 보약입니다(잠언 16:24). 둘째는 칭찬은 사람을 춤추게 합니다(전 8:15). 셋째는 칭찬은 사랑의 비타민입니다(잠 15:23). 우리 모두 칭찬 보약을 많이 먹고, 칭찬 비타민을 많이 먹고, 건강한 인생, 춤추는 인생을 살아가시기 바랍니다.

포기 마세요
(막 2:1-12)

20세기의 가장 훌륭한 정치가를 한 사람 꼽으라면 단연 영국의 수상을 지낸 〈윈스턴 처칠〉입니다. 그런데 그는 본래 팔삭둥이로 태어났고, 머리가 너무 나빠서 공부를 못했습니다. 초등학교 시절에는 연거푸 3년이나 유급을 해야 할 정도로 머리가 나쁜 아이였습니다. 심지어 머리가 너무 나빠서 명문대학교에 들어가지 못하고 궁여지책으로 육군사관학교에 입학을 하게 되었습니다.

그 후에도 시련은 계속되었습니다. 그가 육군사관학교를 졸업한 후 상원의원에 출마를 했다가 낙선을 하고 말았습니다. 너무나 낙심한 나머지 두문불출을 하고 있던 어느 날 창문 너머 공사 현장을 바라보고 있었는데, 한 벽돌공이 벽돌을 가지고 한 장씩 한 장씩 담을 쌓고 있는 모습을 바라보다가 "그래 인생은 벽돌을 쌓는 것과 같은 거야, 내가 여기서 주저앉을 수는 없어!"하고 다시 일어나서 도전을 했습니다. 결국 상원의원에 당선이 되었고, 나중에는 영국의 수상이 되었습니다.

한번은 그가 영국의 명문대학인 옥스퍼드 대학교의 졸업식에 축사를 하게 되었습니다. 그가 식장의 연단에 오르자 모든 청중들이 일제히 일어나 그에게 박수를 보냈습니다. 그리고 청중들은 그가 과연 어떤 축사를 할 것인가 기대를 하면서 그를 바라보았습니다. 드디어 그가 청중들을 향하여 입을 열었습니다. "Never Give-Up!"(포기하지 마십시오), 그 다음에 무슨 말이 이어질까 기대를 하고 있는 청중들을 향하여 연거푸 "Never, Never, Never Give-Up!"(절대로, 절대로, 절대로 포기하지 마십시오), 그것이 그날 축사의 전부였습니다.

 너무 쉽게 포기하는 사람은 아무것도 성취할 수가 없습니다. 하나님께서는 쉽게 포기하는 사람을 기뻐하시지 않습니다. 하나님께서는 포기하지 않는 사람을 통하여 역사하십니다. 첫째로, 포기하지 않는 사람이 기적을 체험합니다(막 2:1-12). 둘째로, 포기하지 않는 사람은 꿈이 이루어집니다(왕하 2:1-14). 셋째로, 포기하지 않는 사람은 마침내 복을 받습니다(룻 1:1-17). 삶을 포기하지 않고 도전하다 보면 반드시 좋은 날이 올 것입니다.

CHAPTER 5

TENDING의 성공자들

주님과 동행
(창 5:21-24)

얼마 전 TV 뉴스 중에 전국에 꿀벌이 사라지고 있다는 뉴스가 보도되었습니다. 활발하게 활동을 해야 할 꿀벌들이 죽거나 흔적 없이 사라지고 벌통이 텅 빈 채로 남아있다는 것입니다. 그것이 우리나라만 그런 게 아니고 전 세계적으로 나타나는 현상입니다. 미국은 전체 벌의 약 40%가 사라졌고, 유럽은 약 70%가 사라지고 있다고 합니다. 이런 현상에 대해서 자연재해 때문인지 아니면 바이러스 때문인지 명확한 원인 규명을 밝혀내질 못하고 있습니다.

세계적인 물리학자였던 〈아인슈타인〉이 말하기를, "이 세상에서 꿀벌이 사라지는 날 인류는 종말을 맞이하게 될 것이다"라고 예언을 한 바가 있습니다. 그래서 전 세계적으로 꿀벌이 사라지는 것을 단순한 자연현상으로 보지 않고 종말의 징조로 보는 학자들이 많이 있습니다. 과연 〈아인슈타인〉의 예언대로 인류의 종말이 가까웠는지도 모르겠습니다. 지금은 분명 종말이 임박한 것 같습니다. 정치적으로, 사회적으로, 종교적으로, 환경적으로 종말이 임박했음을 알 수 있는 징조들이 나타나고 있습니다.

이렇게 종말이 임박한 시대를 사는 우리들에게 요구되는 것이 있다면 그것은 이 시대에 합당한 삶을 살아야 하는 것입니다. 종말의 때에 합당한 삶의 자세는 바로 하나님을 믿고 그 하나님과 동행하는 삶을 사는 것입니다. 이 세상에서 하나님과 동행해야 하늘로 동행할 수가 있습니다. 이 세상에서 하나님과 동행하지 않는 사람은 절대로 하늘로 동행할 수가 없습니다. 우리 성도들 모두가 다 하나님과 동행하는 사람들이 되시기 바랍니다.

이 세상에서 가장 복이 있는 사람은 하나님과 동행하는 사람입니다. 왜냐하면 그분은 우리의 든든한 아버지이시기 때문입니다. 어떻게 하면 우리가 하나님과 동행 할 수 있을까요? 첫째로, 믿음이 있어야 동행할 수 있습니다(창 5:21-24). 둘째로, 결단이 있어야 동행할 수 있습니다(민 10:29-32). 셋째로, 순종이 있어야 동행할 수 있습니다(창 22:6-14). 지금부터 우리 모두 하나님과 동행하시므로 행복하시기 바랍니다.

아벨의 신앙
(창 4:1-8)

  국가 정상들이 다른 나라에 국빈 방문을 할 때 공식 행사로 만찬을 가지게 됩니다. 그중 첫 만찬 행사는 대부분 대통령의 공관이나 그와 관련이 있는 장소에서 가지는 것이 일반적입니다. 그런데 과거 중국의 〈후진타오〉 주석 시절에 그가 미국을 방문했을 때, 백악관이나 캠프데이비드 별장에서 〈부시〉 대통령과 만찬을 가지지 않고, 〈시애틀〉에 있는 〈빌 게이츠〉의 집에서 첫 만찬을 가졌습니다. 〈빌 게이츠〉는 국가 정상이거나 정치 지도자가 아니지만 세계적인 기업의 CEO이기 때문에 국가 외교의 매우 중요한 대상이 되는 것입니다.

  〈시애틀〉에 있는 〈빌 게이츠〉의 집은 시가로 약 1억 5천만 달러(약 2천억)가 나간다고 합니다. 1년 관리비가 백만 불 이상 들어가고, 집을 돌보는 일꾼들이 약 300명에 이르고, 집안 모든 바닥에는 센서가 부착되어 있어서 방문객의 위치를 15cm 이내로 추적할 수가 있고, 목욕탕의 물은 〈빌 게이츠〉가 들어오는 시간에 정확하게 맞춰서 적정한 온도로 가득 채워지고, 지하실에는 20석 규모의 세계에서 가장 아름다운 극장이 갖추어져 있습니다.

  그가 사는 집의 규모를 보거나, 그가 경영하는 세계적인 기업의 규모를 볼 때 그는 세계적인 VIP임에 틀림이 없습니다. 그는 현재 세계에서 생존해 있는 인물 중에 최고의 부자입니다. 그는 한 국가를 통치하는 정치 지도자는 아니지만 그 누구도 흉내낼 수 없는 〈마이크로 소프트〉사라는 IT제국을 건설하고 그 제국으로 세계를 다스리는 지도자입니다. 그래서 그는 누가 뭐라고 해도 세계 제일의 VIP임에 틀림이 없습니다. 그런데 우리는 그런 세계인들이 귀하게 여기는 VIP보다 하나님께서 인정하시는 하나님의 VIP들을 되어야 하는데 그가 바로 〈아벨〉입니다. 첫째로, 그는 모범적인 예배의 사람이었습니다(창 4:4). 둘째로, 그는 가장 먼저 순교한 사람이었습니다(창 4:8). 셋째로, 그는 의인으로 기억된 사람이었습니다(히 11:4). 세상이 혼란하고 어지러운 시대에 아벨의 신앙으로 사시기 바랍니다.

에녹의 신앙
(창 5:21-24)

53억 원을 내고 점심 한 끼를 먹는 식사 자리가 있다면 믿으시겠습니까? 그것도 여러 사람이 서로 그 돈을 내려고 경쟁을 한다면 믿으시겠습니까? 그런데 실제로 그런 일이 벌어지고 있습니다. 온라인 경매 사이트인 eBay에서 〈워런 버핏〉과의 점심 식사를 경매에 붙이고 있는데, 올해에는 무려 460만 달러(약 53억 원)에 낙찰이 되었습니다. 암호 화폐인 트론 CEO 중국계 미국인 〈저스틴 선〉씨가 결정되었습니다. 그는 4명의 친구들을 데리고 스테이크 하우스에서 〈워런 버핏〉과 함께 한 끼 점심 식사를 했습니다.

지난 2000년부터 〈워런 버핏〉은 매년 자신과의 한 끼 점심 식사를 경매에 부쳐서 그 수익금 전액을 노숙자들과 가난한 사람들을 위해서 사용해 오고 있습니다. 그 천문학적인 돈을 투자하면서까지 그와 함께 한 끼의 점심 식사를 하려는 것은 이 시대에 그가 그만큼 중요한 사람이기 때문입니다. 그는 본래 가난한 집에서 태어났는데 어릴 때부터 투자하는 것마다 대박을 터뜨리면서 일명 '투자의 귀재'로 불리고 있습니다.

그 천문학적인 돈을 내고 그와 함께 한 끼의 점심 식사를 하려고 하는 것을 볼 때 그는 분명 이 시대에 최고의 VIP임에 틀림이 없습니다. 그런데 인생의 주인이신 하나님께서 보실 때에도 역시 그가 최고의 VIP인지는 생각해 볼 일입니다. 사람들은 그를 최고의 VIP로 인정하지만 하나님께서 보시기에는 그렇지 않을 수 있습니다. 사람들이 인정하고 우러러보는 VIP보다 하나님이 인정하시는 믿음의 VIP가 더 중요한 사람인 것입니다.

죄악이 관영한 시대에 하나님의 시선과 관심을 한 몸에 받는 사람이 있었으니 그가 바로 〈에녹〉입니다. 신앙의 혼란을 겪고 있는 우리들이 주목해야 할 믿음의 인물로 여겨집니다. 첫째로, 그는 불의한 시대에 하나님과 동행한 사람입니다(창 5:21-22). 둘째로, 그는 믿음으로 하나님을 기쁘시게 한 사람입니다(히 11:5-6). 셋째로, 그는 하나님의 심판을 선포한 사람입니다(유 1:14-15). 우리 모두 에녹의 신앙을 본 받아 삽시다.

부요할 내용
(창 26:12-22)

우리나라 사람들이 가장 들을 때 기분이 좋은 인사말이 "부자 되세요!"라는 말이라고 합니다. 한국 〈부자특성연구회〉회장을 맡고 있는 〈문성렬〉박사의 저서 〈부자일지〉, 〈한국부자 세븐파워의 비밀〉에 참 흥미로운 내용들이 많습니다. 그는 오랫동안 한국의 대표적인 부자들의 특성을 연구한 결과 다음과 같은 특징들을 가지고 있음을 알게 되었다는 것입니다.

1. 부자들은 전문가를 100% 신뢰하지 않는다(자기주관).
2. 부자들은 아침형 인간이 많다(부지런).
3. 부자는 얼굴에 부자 라인이 있다(웃음).
4. 부자는 가구나 가전제품을 쉽게 바꾸지 않는다(절약).
5. 부자는 옷차림이 수수하다(검소).
6. 부자는 붉은 색을 좋아한다(열정).
7. 부자는 주말보다 평일 쇼핑을 좋아한다(대우).
8. 부자는 남향(南向)집을 선호한다(서울 강남의 최고급 아파트인 타워팰리스의 경

우 남향집은 모두 부자들 소유).

9. 부자는 겨울에 태어난 사람이 많다(12-1월, 이와 같은 통계는 세계적인 경제 전문 잡지인 〈포천〉에서도 거의 같은 주장을 하고 있다).

10. 자녀 교육에 투자하는 성향이 강하다.

사실 우리 대부분이 다 부자(富者)가 되고 싶은 마음을 가지고 있습니다. 아침부터 저녁까지 열심히 땀을 흘려서 일하고 아끼고 절약하는 것은 다 부자가 되기 위해서입니다. 부자가 되어야 하나님의 영광을 위해서 큰일도 감당할 수가 있습니다. 여러분, 모두 큰 부자가 되셔서 하나님의 영광을 위하여 큰일을 감당하시기를 바랍니다.

우리가 어떤 면으로 큰 부자가 되어야 할까요? 성경에 보니까 우리의 삶 가운데 다음과 같은 세 가지 부요함이 있어야 한다고 말씀하고 있습니다. 첫째는, 믿음이 부요해야 합니다(약 2:5). 둘째는, 재물이 부요해야 합니다(창 26:12, 13). 셋째는 선행이 부요해야 합니다(딤전 6:18, 19). 우리 모두 아름다운 부자들이 되시기 바랍니다.

사랑의 계명
(요 13:31-35)

우리나라를 대표하는 기업 중에 하나인 LG 그룹이 본래 〈럭키금성〉이란 이름을 가지고 있었는데 지난 1995년도에 LG로 이름을 바꾸었습니다. LG그룹이 창사 61주년을 맞이하여서 전체 계열회사의 '브랜드 아이덴티티(BI)'를 "사랑"이라는 주제로 바꾸었습니다. 고객들에게 더 친근하고 따뜻한 정감을 느낄 수 있도록 하기 위해서 기업의 이미지를 '사랑'으로 바꾸었다는 것입니다.

그 기업에서 새롭게 내보내는 광고의 내용을 살펴보면 "사랑만 하기에도 인생은 짧습니다. LG는 오직 당신만을 바라보고 오직 당신만을 생각하겠습니다. 이제 LG의 365일은 사랑입니다." 이렇게 LG그룹은 새로운 광고를 통해서 '글로벌 톱 브랜드'로 도약을 시키겠다는 야심찬 계획을 세웠다고 합니다. 온 세상 사람들이 사랑에 목말라하고 있는 이 시대에 사람들의 마음을 사로잡을 수 있는 광고 주제라고 생각이 됩니다.

그런데 이 사랑이라는 주제는 우리 기독교의 브랜드(?)이고 성경의 핵심 주제입니다. 하나님을 믿지 않는 기업에서 사랑이라는 주제로 기업의 브랜드 가치를 높이겠다고 하니까 왠지 우리의 고유 브랜드를 빼앗긴 것 같은 기분이 들기도 합니다. 이제부터라도 우리들의 인생 브랜드를 이렇게 바꾸면 어떨까요? "사랑만 하기에도 인생은 짧습니다. 미워하지 맙시다. 나는 오직 당신만을 바라보고 당신만을 생각하겠습니다. 그리고 이제 나의 365일은 오직 사랑입니다." 그렇게 인생의 정체성(identity)을 바꿀 때 우리의 삶이 아름답고 풍요로워질 것입니다.

  인간이 가지고 있는 자원 가운데 가장 아름다운 자원은 바로 사랑입니다. 그런데 지금은 그 자원이 너무 메말라가고 있습니다. 우리는 고갈되어 가고 있는 사랑을 회복시켜야 합니다. 첫째로, 사랑은 하나님이 주신 새 계명입니다(34). 둘째로, 사랑은 서로가 힘써야 하는 것입니다(34). 셋째로, 사랑은 예수님 제자가 되는 것입니다(35). 불법이 성하고 사랑이 식어지는 이때 풍성한 사랑을 서로 나누며 사시기 바랍니다.

소싯적 예수
(눅 2:41-51)

　과수 재배 과정을 보면 크게 3단계로 나눌 수 있습니다. 파종을 해서 묘목을 기르는 묘목기와 꽃이 피는 개화기와 열매를 맺는 결실기로 구분이 됩니다. 이 과정을 인생으로 비유하면 어린 시절을 묘목기라고 할 수 있고 청년기를 개화기라고 할 수 있고 장년기를 결실기라고 할 수 있습니다. 과정을 거치면서 과일이 익어가듯이 과정을 거치면서 인생을 살아가게 됩니다.
　어린 청소년기는 인생에 있어서 아주 중요한 시기입니다. 왜냐하면 어린 시절을 어떤 환경에서 어떤 영향을 받고 자라느냐에 따라서 울고 웃는 인생으로 결정되기 때문입니다. 우리 말 속담에 "세 살 버릇이 여든까지 간다"라는 말이 있듯이 어릴 때 보고 듣고 경험하는 것이 그 사람의 전체 인생에 심대한 영향을 끼치게 됩니다. 맹모삼천지교(孟母三遷之敎)라는 말이 있듯이 자녀들이 훌륭한 사람으로 자라기를 바란다면 좋은 환경을 접하게 해주어야 합니다.
　유대인들의 자녀 교육에 있어서 가장 중요하게 여기는 부분은 자녀가 어릴 때 가정과 회당을 중심으로 율법을 가르치고 하나님을 경외하게 합니다. 절대로 어린 자녀를 세상 경쟁 구도 속으로 내몰지 않고 어릴 때부터 하나님의 존재를 인식하게 해주고 그 하나님을 경외하는 삶을 살아가도록 토라(율법) 교육을 시킵니다. 그렇게 교육을 받고 자란 탓에 두각을 나타내고 가장 많은 노벨상 수상자들이 탄생을 하는 것입니다.

예수님의 어린 시절은 과연 어떠했을까? 성경에 예수님의 어린 시절에 관한 기록이 많지 않습니다. 그러나 짧은 본문 말씀에서 예수님의 어린 시절을 충분히 알 수가 있습니다. 첫째는, 예배를 중요시하는 삶을 사셨습니다(41, 42). 둘째는, 성전을 중요시하는 삶을 사셨습니다(48, 49). 셋째는, 효도를 중요시하는 삶을 사셨습니다(50-51). 그렇게 성장을 하셨기 때문에 하나님과 사람들에게 더욱 사랑을 받으셨습니다. 우리 자녀들이 예수님의 삶을 닮은 아이들로 자라기를 바랍니다.

어머니와 아들
(출 2:1-10)

미국을 상징하는 건축물이 많이 있는데 그중에 하나가 바로 뉴욕에 있는 '자유의 여신상'입니다. 그 자유의 여신상은 프랑스의 조각가 〈바르톨디〉의 작품입니다. 바르톨디는 그 작품을 만드는데 자기의 전 재산을 투자했고 20년이나 걸려서 그 작품을 완성했습니다. 그가 그 작품을 조각할 때 여신상의 얼굴 모델을 누구로 할 것인가 하고 고민을 많이 했다고 합니다. 여러 유명한 사람들이 물망에 올랐지만, 그러나 결국 그는 자신을 낳아서 사랑으로 길러주신 자기 어머니의 얼굴을 모델로 삼아서 그 작품을 만들었습니다.

미국 뉴욕을 방문하는 모든 사람들에게 감동을 주는 이 자유의 여신상의 얼굴 모습은 바로 조각가 〈바르톨디〉의 어머니의 얼굴 모습입니다. 그 내용을 알고 나면 그 자유의 여신상이 더 아름답고 위대하게 보입니다. 자기 어머니를 모델로 그 위대한 작품을 만든 조각가 〈바르톨디〉도 훌륭하지만, 아들이 만드는 그 유명한 작품의 모델이 된 그의 어머니는 더욱 훌륭하다는 생각을 합니다. 〈바르톨디〉의 어머니는 바로

'어머니 같은 어머니'였습니다.

가장 위대한 아버지, 가장 위대한 어머니가 어떤 사람일까요? 자기 아들로부터 "나도 아버지 같은 아버지가 되겠다"는 말을 듣고, 자기 딸들로부터 "나도 어머니 같은 어머니가 되겠다"는 말을 듣는다면 아마 가장 위대한 아버지요 위대한 어머니일 것입니다. 그러나 부끄럽게도 아들딸로부터 "나는 이 다음에 우리 아버지같이 되지 말아야지, 나는 우리 엄마같이 되지 말아야지"라는 말을 듣는다면 얼마나 부끄러운 일이겠습니까?

성경에 나오는 여인들 중에서 자녀에게 절대적인 신앙의 영향력을 끼친 어머니 같은 어머니가 누구인지를 살펴보면, 첫째로, 하나님의 시각으로 자식을 바라본 요게벳과 그의 아들 모세입니다(출 2:1-3). 둘째는, 기도의 중요성을 일깨워준 마리아와 그의 아들 마가입니다(행 12:12). 셋째는, 거짓 없는 믿음을 계승시킨 유니게와 그의 아들 디모데입니다(딤후 1:5). 모두 그런 부모가 되시기 바랍니다.

제자의 스승
(요 13:12-20)

제2차 세계대전 당시에 있었던 일입니다. 한 영국 군인이 적의 총탄에 맞아서 죽어가고 있었습니다. 군종 목사님이 다가가서 기도를 하며 마지막 유언을 물었는데 다음과 같은 말을 하였습니다. "제가 다니던 주일학교 선생님에게 꼭 전해 주십시오, 선생님의 가르침을 잊지 않았다구요" 군종 목사님이 수소문을 해서 그 주일학교 교사를 찾아가서 그의 유언을 전했습니다. 그런데 그 선생님은 고개를 들지 못하고 눈물을 흘리며 다음과 같은 말을 하였습니다.

"오래전에 저는 주일학교 선생을 그만두었습니다. 힘이 들고 알아주는 사람도 없고 별로 중요하지 않다고 여겼기 때문에 그만두었습니다. 그러나 이제 주일학교 선생의 중요성을 깨달았습니다. 다시 주일학교 교사로 헌신하겠습니다"라고 다짐을 했습니다. 일반학교 교사도 중요하지만 교회학교 교사의 사명은 훨씬 더 중요합니다. 왜냐하면 일반학교 교사는 사회적인 인재를 길러내지만 교회학교 교사는 하나님의 사람들을 길러내는 사람들이기 때문입니다.

특히 지금은 사회적으로 저출산으로 인한 인구절벽 현상이 심화되고 있어서 모든 교회마다 주일학교가 침체되고 있고, 심지어 아예 주일학교가 없는 교회들이 점점 많아지고 있습니다. 그만큼 한국교회가 노령화되어 가고 있음을 말해주는 것입니다. 다음세대를 길러내지 못하면 교회는 급속도로 노령화되고 교회가 노령화되면 하나님이 원하시는 시대적 사명을 감당할 수가 없습니다. 따라서 지금은 어느 때보다도 교회학교의 중요성과 다음세대를 가르치고 양육하는 선생님들의 역할이 중요한 때입니다.

스승의 주일을 맞이하여 교회학교 교사들은 어떤 선생이 되어야 할까요? 예수님의 모습을 통해서 그 해답을 찾아보도록 하겠습니다. 첫째로, 발을 씻어주신 선생님이셨습니다(12). 둘째로, 본을 보여주신 선생님이셨습니다(15). 셋째로, 제자들을 아는 선생님이셨습니다(18). 다음 세대를 지도하는 모든 교사들은 성경적인 제자를 양육하는 선생들이 되시기 바랍니다.

예배의 축복
(요 4:23-24)

얼마 전에 인터넷을 검색하던 중 아주 반가운 뉴스 한 가지를 접하였습니다. 그 뉴스의 제목이 "오래 살려면 종교를 가져라"라는 것이었습니다. 미국 〈피츠버그대학교〉 메디컬 센터에서 발행한 〈미국 가정의학협회보〉 3·4월호에 실린 뉴스인데 그 내용은 이렇습니다. 정기적으로 교회를 다니는 사람이 일반인들보다 1.8년에서-3.1년을 더 오래 산다는 연구 결과를 발표한 것입니다. 그 연구팀의 리더인 〈데니얼 홀〉박사의 말에 의하면, "종교 생활이 삶의 의미와 가치를 느끼도록 도와주기 때문에 수명 연장에 도움이 된다."라는 것입니다.

그리고 그는 말하기를, "내과 의사들이 암(癌)을 진단할 때 제일 먼저 위(胃)의 부위를 검사하는 것처럼, 환자의 종교 생활 여부를 검사하는 것이 그 환자의 건강 상태와 치료법을 판단하는데 큰 도움이 될 수 있다"라고 주장했습니다. 세계적으로 권위가 있는 유명한 의사가 나름대로 상당한 연구 결과를 발표한 것이기 때문에 귀를 기울이고 새겨서 들을 필요가 있습니다. 저는 그 연구 결과에 대해서 100% 동의를 합니다.

이 세상에는 수많은 다양한 종교들이 있는데, 모든 종교마다 반드시 예배 의식이 있습니다. 종교 생활을 한다는 말은 곧 예배 생활을 한다는 말로 대변할 수 있을 것입니다. 예배 의식이 없는 종교 생활은 의미가 없기 때문에 종교 생활은 곧 예배드리는 생활입니다. 구원이 없는 일반 종교를 신봉하여도 수명이 1.8년-3.1년이 연장된다면 성경대로 믿는 참된 종교를 가지고 열심히 하나님을 예배한다면 그보다 훨씬 더 복을 받아서 오래 살고 범사가 잘되는 역사가 있을 줄 믿습니다.

우리는 하나님을 예배하는 사람들이 되어야 합니다. 예배하는 것을 귀찮게 여기지 말고 열심히 예배하는 사람들이 되어야 합니다. 왜 그래야 할까요? 첫째는, 예배하는 자를 찾으시기 때문입니다(요 4:23-24). 둘째는, 예배하는 자를 만나주시기 때문입니다(출 29:42-43). 셋째는, 예배하는 자를 축복해 주시기 때문입니다(출 20:24-25). 신령과 진리로 예배하는 삶을 사시기 바랍니다.

행복한 사람
(신 33:26-29)

만약 여러분들에게 "지난 한 해 동안 행복하셨습니까?"라고 묻는다면 뭐라고 대답을 하시겠습니까? 아마 모르긴 해도 "물론입니다. 참 행복했습니다."라고 대답할 사람은 거의 안 계실 것 같습니다. 몇 년 전 불어 닥쳤던 코로나19 펜데믹으로 불안과 두려움으로 하루하루를 지내야 했습니다. 그런 만큼 참으로 힘든 시기였고, 스트레스 받는 일이 엄청난 기간이었고, 마음 졸이고 긴장하는 시간이었습니다.

얼마 전 미국 〈볼티모어〉에 살고 있는 〈니콜스〉씨 부부에 관한 다큐멘터리를 보고 큰 감동을 받았습니다. 너무 감동이 되어서 두 번이나 보았습니다. 그들은 부부가 다 앞을 보지 못하는 시각장애인인데, 30년 전 한국에서 앞을 보지 못하는 4명의 시각장애인 아이들을 입양했습니다. 그중에 한 아이는 정신지체아입니다. 그런데도 그 시각장애인 부부는 아이들을 위해서 모든 사랑과 정성을 쏟아부었습니다. 제가 볼 때 그들의 삶은 최악의 상태인 것처럼 보였습니다. 그런데 그 〈니콜스〉씨 부부는 이 세상에서 자기들이 가장 행복한 사람들이라고 말했습니다.

과연 행복의 기준이 무엇일까요? 돈이 많으면 행복할까요? 아니면 사회적인 지위와 명예를 얻으면 행복할까요? 그런데 그런 조건을 두루 갖춘 사람들을 만나서 "행복하십니까?"라고 물을 때 행복하다는 대답을 들을 수가 없다는 것입니다. 그런 조건들이 행복의 기준이 아닌 것 같습니다. 행복의 기준은 어떤 환경에 있지 않고 각자의 마음에 있습니다. 다른 사람들이 보기에 불행하게 보여도 내가 마음으로 행복하다고 느끼면 행복한 것입니다.

　하나님께서 고난의 여정을 보내는 이스라엘을 보시고 "너는 행복한 사람이다"라고 말씀하십니다. 이 말씀은 곧 오늘 우리를 향하여 주신 말씀이기도 합니다. 우리가 행복한 이유가 무엇일까요? 첫째는, 하나님의 구원을 얻었기 때문입니다(29상). 둘째는, 하나님이 방패가 되시기 때문입니다(29중). 셋째는, 결국 우리가 승리할 것이기 때문입니다(29하). 힘겨운 나날 속에 행복한 사람이라는 자부심으로 사시기 바랍니다.

기적의 사람
(합 3:16-19)

　KBS TV에서 방영되는 〈생로병사의 비밀〉이라는 건강 프로가 있습니다. 건강 상식에 관한 의학 정보를 다루고 있는데 매우 유익한 내용입니다. 그 방송 내용 중에 '100세 인생 건강관리 방법'이라는 내용을 관심 있게 시청을 했습니다. 100세까지 건강을 유지할 수 있는 방법 중에 첫째는, 규칙적인 생활 둘째는, 긍정적인 마음 셋째는, 적당한 운동이라고 했습니다. 여기서 두 번째로 말한 긍정적인 마음이란 감사하는 마음으로 달리 표현할 수 있습니다.

　감사는 행복의 문을 여는 열쇠라는 말이 있습니다. 누구든지 행복해지고 싶으면 감사의 말을 많이 해야 합니다. "감사하는 마음에는 마귀가 불행의 씨를 뿌리지 못한다"라는 말이 있습니다. 비록 불행한 일이 닥쳐왔어도 감사하는 말을 계속할 때 불행이 부끄러움을 느끼고 물러가게 됩니다. 모든 최상의 조건 속에서 살아도 불평하는 사람은 행복할 수 없습니다. 좋은 형편이 아니어도 감사하는 사람이 행복할 수 있습니다.

　북한에 억류되었던 캐나다에서 이민 목회를 하시던 임현수 목사님이

949일 만에 석방이 되어서 가족의 품으로 돌아왔습니다. 그곳에서의 억류 생활은 한마디로 최악의 상황이었고 북한을 위해서 헌신적으로 돕다가 강제로 억류되었기 때문에 억울함과 배신감이 컸습니다. 언제 풀려날 수 있을지 기약이 없는 캄캄한 절망 그 자체였습니다. 그런데 그는 그곳에서 매일 하나님의 뜻을 구하며 날마다 감사했습니다. 그 결과 949일 만에 석방되어서 가족의 품으로 돌아가는 은혜를 체험하였습니다.

 이렇게 감사는 불행이 물러가게 하고 기적을 불러옵니다. 행복한 사람들의 비밀은 긍정적인 마음과 감사하는 마음입니다. 많은 것을 가졌어도 불평하는 사람은 불행한 사람입니다. 작은 것을 인하여도 감사하는 사람이 행복한 사람입니다. 〈하박국〉선지자가 놀라운 감사의 사람인 까닭이 무엇입니까? 첫째는, 고통 중에 감사했기 때문입니다[16]. 둘째는 없는 중에 감사했기 때문입니다[17]. 셋째는 소망 중에 감사했기 때문입니다[19]. 감사가 식어져 가는 이 시대에 감사함으로 행복하시기 바랍니다.

CHAPTER 6

TENDING의 결과

결실의 축복
(마 21:33-41)

　가을은 흔히들 남성의 계절이라고 합니다. 가을이 좋은 몇 가지 이유가 있는데, 뭐니 뭐니 해도 아름다운 단풍을 볼 수 있기 때문입니다. 아마 가을에 예쁘게 물든 단풍을 싫어하는 사람은 별로 없는 것 같습니다. 봄에 피어나는 꽃보다 예쁘게 물든 가을 단풍이 우리의 정서를 훨씬 더 풍성하게 해주는 것 같습니다.

　이뿐만이 아닙니다. 아름다운 가을 단풍도 좋지만 가을에 피어나는 코스모스 꽃은 더욱 가을의 정취를 느끼게 합니다. 코스모스 꽃을 가리켜서 '가을의 전령사'라고 불렀습니다. 또 가을을 상징하는 몇 가지 꽃들이 있는데 그중에 해바라기꽃과 국화꽃을 들 수가 있습니다. 해바라기꽃이나 국화꽃이 참 예쁘기도 하지만 코스모스 꽃에 비할 수는 없습니다. 가을에 활짝 핀 코스모스꽃은 하루 종일 바라보아도 싫증이 나질 않습니다. 우리나라에서 그 흔하게 볼 수 있는 코스모스꽃을 제가 미국에 있을 때는 좀처럼 볼 수가 없어서 아쉬운 마음이 늘 있었습니다.

　가을이 좋은 또 다른 이유가 있다면 그것은 아마도 결실과 수확의 계절이기 때문일 것입니다. 곡식이 익은 들판을 바라보면 왠지 마음이 풍요로워지는 것을 느낄 수가 있고, 탐스럽게 익은 과일을 바라보면 마음이 넉넉해지는 것을 느끼게 됩니다. 수확을 앞두고 있는 곡식이나 과일을 바라보면 언제 씨를 뿌리고 가꾸는 수고를 했던가 싶을 정도로 지나간 모든 수고를 다 잊어버릴 수가 있습니다.

이 풍성한 결실의 계절을 맞이하면서 우리의 신앙생활에도 풍성한 결실이 있으면 좋겠습니다. 하나님 앞에 내어놓을 만한 결실이 있어야 합니다. 왜일까요? 첫째로, 결실은 주님께서 요구하시는 것입니다(마 21:34). 둘째로, 결실은 땅이 좋아야 맺을 수 있습니다(마 13:23). 셋째로, 결실은 기도의 응답을 받는 비결입니다(요 15:16). 풍성한 결실로 더 의미 있는 가을이 되시기 바랍니다.

성장의 기쁨
(벧전 2:1-10)

　성경에서 "자식은 여호와의 주신 기업이요 태의 열매는 그의 상급이라"라는 말씀이 있습니다(시 127:3). 그런데 저는 첫 번째 아이를 낳았을 때 그 말씀을 인정하고 받아들일 수가 없었습니다. 왜냐하면 아이가 정상적으로 태어나지 않고 난산에다 미숙아로 태어났기 때문입니다. 보통 첫 아이가 태어나면 기쁘다는데 저는 몸무게가 2kg도 채 못 되는 아이의 모습을 보면서 당장 기쁨보다 과연 이 아이가 과연 살 수 있을 것인가 죽을 것인가 그것이 궁금할 뿐이었습니다.

　인큐베이터에 아이를 넣어야 하는데 그 당시 제가 가난한 신학생의 신분이었기 때문에 막대한 병원비를 감당해야 하는 것도 큰 부담이었습니다. 병원 측에서 저의 형편을 알고 아이를 집으로 데리고 가서 믿음으로 키우라고 했습니다. 사실 그때 이 아이를 집으로 데리고 가서 과연 살릴 수가 있을 것인지 몹시도 걱정이 되고 낙담이 되었습니다. 결국 살고 죽는 것이 하나님의 손에 달린 줄을 알고 그 아이를 집으로 데리고 와서 정말 눈물의 기도로 키웠습니다.

혹여 우유를 먹일 때마다 혹시 이 아이가 숨이 넘어갈까 봐 잠시도 눈을 뗄 수가 없었습니다. 그러다가 아이의 몸무게가 드디어 2kg을 넘어설 때 얼마나 대견한지 그 기쁨은 이루 말할 수가 없었습니다. 또 몸무게가 3kg이 넘기까지 100일이 다 되어서야 넘어섰을 때 얼마나 대견하고 기뻤는지 모릅니다. 그런데 그 아이가 지금은 키가 169cm나 되는 큰 아이로 자랐고, 지금은 결혼을 해서 잘 살고 있습니다. 저는 아이를 키우면서 성장의 기쁨이 얼마나 큰 것인지를 체험할 수가 있었습니다.

  우리의 믿음도 그렇게 성장되어야 합니다. 믿음이 성장하는 것은 대견한 것이고 하나님께 기쁨이 됩니다. 어떻게 하면 우리의 믿음이 성장할 수가 있을까요? 첫째로, 버릴 것을 버려야 믿음이 성장합니다(1). 둘째로, 먹을 것을 먹어야 믿음이 성장합니다(2). 셋째로, 힘쓸 것을 힘써야 믿음이 성장합니다(9). 그리스도의 장성한 분량까지 우리의 믿음이 자라가시기 바랍니다.

소중한 평안
(시 122:1-9)

만약 죽었다가 잠깐 다시 살아난다고 가정을 할 때, 가장 아끼고 사랑하는 사람에게 무슨 말을 하게 될까요? 사람에 따라서 하는 말들이 다를 수 있을 것인데, 아마 살아생전에 가슴에 한이 맺혔던 말씀을 하지 않을까 싶습니다. 예수님을 안 믿는 자녀들에게 "제발 예수를 믿어라"라고 하실 분도 있을 것이고, "제발 다투지 말고 화목하게 지내라"라고 하실 분들도 있을 것이고, "아프지 말고 건강해라"라고 하실 분들도 있을 것입니다.

예수님은 십자가에 못 박혀서 죽으셨다가 다시 살아나셨을 때 자기를 따르던 제자들을 찾아오셔서 두 번이나 연거푸 "너희에게 평강이 있을지어다."라는 말씀을 하셨습니다(요 20:19, 21). 다른 하실 말씀이 참으로 많으셨을 법한데 평강을 말씀하신 것은 곧, 평소에 예수님께서 가장 원하셨던 것이 바로 평안과 평강이었음을 말해 주는 것입니다. 예수님이 말씀하신 그 평안은 바로 하나님이 주시는 평안(샬롬)을 가리키는 것입니다.

하나님은 우리가 평안하기를 원하십니다. 우리가 얼마나 평안하기를 원하시는지에 대해서 사도 〈바울〉은 "평강의 주께서 친히 때마다 일마다 너희에게 평강 주시기를 원하노라…"라고 말했습니다(살후 3:16). 언제 어디서 무엇을 하든지 우리가 평안을 누리기를 원하는 것이 하나님의 마음입니다. 그런데 안타깝게도 오늘날 사람들이 이 소중한 평안을 다 빼앗겨 버리고 불안하고 불편한 삶을 살고 있습니다. 평안이 가득해야 할 곳에 평안은 사라지고 대신 반목과 다툼과 불협화음이 가득한 모습을 볼 수 있는 것이 너무나 흔한 일입니다.

예수님이 평강의 왕이셨던 것처럼, 그분을 믿는 우리도 평안을 도모하는 사람들이 되어야 합니다. 특별히 우리가 살아가는 삶의 영역 중에서 어떤 곳이 평안하기를 힘써야 할까요? 첫째는, 교회가 평안해야 합니다(시 122:6-7). 둘째는, 가정이 평안해야 합니다(잠 17:1, 21:9). 셋째는, 나라가 평안해야 합니다(딤전 2:1-2). 날마다 주님이 주시는 평안을 누리는 삶이되시기 바랍니다.

순종의 결과
(삼상 15:17-23)

이스라엘에 있는 사해(死海) 바다는 일반 바닷물에 비해서 염도(鹽度)가 약 10배가량 높기 때문에 사람이 누우면 가라앉지 않고 뜨게 됩니다. 그래서 사람들은 그곳이 전혀 위험하지 않을 것이라고 생각을 합니다. 그러나 사실 그곳에는 우리가 미처 알지 못하는 위험이 있기 때문에 물에 들어갈 때 반드시 지켜야 할 안전 수칙이 있습니다. 그 안전 수칙은 바로 "절대로 헤엄을 쳐서는 안 된다"는 것입니다.

염도가 높기 때문에 물에 몸을 맡기고 가만히 누우면 부력(浮力)에 의해서 저절로 몸이 뜹니다. 그러나 물에 빠질까 봐 걱정을 해서 몸에 힘을 주게 되면 몸의 균형을 잃고 허우적거리게 됩니다. 특히 수영을 한다고 첨벙거리다가는 다량의 광물질(鑛物質)이 함유된 소금물이 눈에 들어가거나 입으로 들이키게 되어서 자칫 큰 해를 입게 됩니다. 그렇기 때문에 정해진 안전 수칙대로 몸에 힘을 빼고 가만히 바닷물에 몸을 맡기고 누워야 합니다. 그 정해진 안전 수칙에 따르기만 하면 누구나 안전하게 사해 바다의 즐거움을 맛볼 수가 있습니다.

우리의 인생도 마찬가지입니다. 안전하고 행복한 인생을 살기 위한 법칙이 있습니다. 그것은 바로 내 마음대로 행동하지 말고 인생의 주인이 되시는 하나님께 자신을 온전히 맡기고 그 분의 말씀에 순종하면서 사는 것입니다. 신학자 〈앤드류 머레이〉는 말하기를 "우리가 주님을 믿는다는 것은 곧 〈순종의 학교〉에 입학하는 것이다"라고 했습니다. 우리가 예수그리스도를 주님으로 영접하는 것은 곧 주님의 말씀에 순종하겠다고 결심하는 것입니다. 왜냐하면 주님의 말씀에 순종하지 않고는 올바른 신앙생활이 불가능하기 때문입니다.

우리는 〈순종의 학교〉에 입학한 그리스도인답게 하나님의 말씀이 내 삶의 원칙이 되고 그 원칙에 순종함으로 행복한 인생을 살아가는 여러분들이 되시기를 바랍니다. 첫째로, 순종하면 하나님이 기뻐하십니다(삼상 15:22). 둘째로, 순종하면 하나님이 도와주십니다(출 23:22). 셋째로, 순종하면 하나님이 해결하십니다(요 2:1-11). 항상 순종하는 믿음으로 하나님의 놀라운 역사를 체험하시기 바랍니다.

신뢰의 결과
(대하 20:20-23)

　오래전 한 TV방송 프로그램 중에 시골에서 사시는 할머니, 할아버지 부부를 방송국 스튜디오에 모시고 퀴즈 대회를 진행하는 프로가 있었습니다. 할아버지가 카드에 적힌 단어를 설명하면 할머니가 알아맞히는 내용이었습니다. 한 할아버지가 차례가 되어서 카드에 적힌 단어를 열심히 할머니에게 설명을 했습니다. 그날 할아버지가 설명하고 할머니가 알아맞혀야 할 단어는 '천생연분(天生緣分)'이라는 단어였습니다. 그런데 방송 프로에 익숙하지 못한 할아버지가 아무리 설명을 해도 할머니가 동문서답(東問西答)만 하시고 알아맞히지를 못하시는 것이었습니다.

　그래서 할아버지가 너무 답답하셔서 "당신하고 나 사이를 뭐라고 혀?"라고 힌트를 드렸더니 할머니 입에서 튀어나온 대답이 "원수!"라고 하셨습니다. 그러자 민망해진 할아버지가 "그것 말고 네 글자로 말해 봐!"라고 다시 힌트를 드렸습니다. 그러자 이번에 할머니 입에서 튀어나온 대답이 "평생원수!"라고 하셨습니다. 그 방송을 시청하고 있던 방청객들과 전국의 시청자들이 배꼽을 잡고 웃은 적이 있습니다.

그 할아버지와 할머니의 모습을 보면서 두 가지 생각이 들었습니다. 하나는 참 대단하시다는 생각이었고, 또 하나는 안타깝다는 생각이었습니다. 그렇게 원수같이 여기면서도 평생을 함께 살아오셨으니까 대단한 것이고, 부부이면서도 평생을 그렇게 원수같이 여기고 살았으니까 안타까운 것입니다. 부부는 서로 신뢰하고 사랑하면서 살아야 합니다. 그래야 인생이 즐겁고 행복할 수가 있습니다.

부부 사이보다 우리가 더욱더 신뢰해야 할 분이 계십니다. 그분은 바로 만군의 여호와 하나님이십니다. 우리가 하나님을 신뢰할 때 어떤 결과가 따르게 되는 것일까요? 첫째는, 신뢰하는 자를 견고케 하십니다(대하 20:20-23). 둘째는, 신뢰하는 자를 책임져 주십니다(렘 39:15-19). 셋째는, 신뢰하는 자를 구원해 주십니다(사 30:15-17). 하나님을 더 깊이 신뢰함으로 복된 삶을 살아가시기 바랍니다.

정직의 결과
(신 6:16-19)

경기도 성남과 광주를 지나면 바로 〈곤지암〉이라는 마을이 있는데, 그 〈곤지암〉이 '소머리 국밥'으로 유명한 곳입니다. 설렁탕 국물에다가 소머리 삶은 고기를 썰어서 넣어 주는 국밥인데 전국적으로 소문이 난 곳입니다. 우리나라 사람들은 소문에 민감하기 때문에 많은 사람들이 그곳을 찾아갑니다. 한번은 목회자들이 모임을 마치고 소문난 집 소머리 국밥을 먹기로 하고 자동차로 1시간가량을 달려서 그곳을 찾아갔습니다.

골목 입구에 들어서자마자 식당 입구 간판에 '곤지암 소머리 국밥집'이라고 쓰여 있었습니다. 그래서 그 집에 들어가서 소머리 국밥을 한 그릇씩 시켜서 먹었는데 기대한 것만 못하다는 생각을 했습니다. 그런데 식사를 하고 나와서 조금 더 골목을 올라가니까 '곤지암 원조 소머리 국밥집'이란 간판이 붙어 있었습니다. 그 집 건너에 있는 가게는 '곤지암 원조 할머니 소머리 국밥집'이라는 간판이 걸려있었습니다. 몇 집을 더 올라가니까 '곤지암 진짜 원조 할머니 소머리 국밥집'이라는 간판이 붙어 있었습니다.

 모두가 자기들이 '원조'(元祖)라고 주장을 하면 도대체 누가 진짜 원조라는 말인지 어리둥절했습니다. 분명히 그중에 원조가 있을 텐데 왜 모두 원조라고 주장을 하는지 이해가 안 되는 일입니다. 먼곳까지 소머리국밥 한 그릇을 먹으려고 갔다가 '원조 집'만 실컷 구경하고 돌아왔습니다. 진실하지 못하고 정직하지 못한 우리 사회의 한 단면을 보는 것 같아서 몹시도 기분이 씁쓸했습니다.

 오늘 이 시대는 너무나 거짓과 불의가 난무하고 있기 때문에 진실함과 정직함이 요구되는 시대입니다. 정직한 사람은 다음과 같은 은혜와 축복을 받을 것이라고 성경은 말씀합니다. 첫째, 정직하면 하나님이 도와주십니다(신 6:18-19). 둘째, 정직하면 집안이 흥왕하게 됩니다(잠 14:11-12). 셋째, 정직하면 기도의 응답을 받습니다(잠 15:8-9). 불의와 불법과 반칙이 난무하는 이 시대에 정적하게 사시기 바랍니다.

인내의 결과
(약 5:7-11)

　서양 우화에 다음과 같은 이야기가 있습니다. 두 마리의 개구리가 창고 안을 뛰어다니다가 그만 우유 통에 빠지고 말았습니다. 우유 통에 빠진 두 마리의 개구리는 각각 다른 반응을 보였습니다. 한 마리는 미끄러운 우유 통을 몇 번 기어오르다가 도저히 밖으로 나갈 수 없음을 알고 그만 모든 것을 포기한 나머지 그 안에서 죽고 말았습니다. 그러나 다른 한 마리는 반드시 밖으로 나갈 수 있을 것이라는 희망을 가졌습니다. 그리고 인내심을 가지고 밤새도록 있는 힘을 다해서 우유 통을 휘저었습니다. 그 결과 액체였던 우유가 점점 버터로 변했고 개구리는 그 단단해진 버터를 밟고 우유 통 밖으로 뛰어나올 수가 있었다는 것입니다.

　그렇습니다. 유명한 철학자였던 〈키에르케고르〉는 말하기를 "절망은 죽음에 이르는 병이다"라고 말했습니다. 포기와 절망은 우리를 실패와 죽음으로 인도하지만 인내와 희망은 우리를 성공과 생명으로 인도해 줍니다.

　옛말에 '무인불승(無忍不勝)'이라는 말이 있습니다. "인내가 없으면 승리도 없다"라는 말입니다. 남다른 결과를 성취한 사람이나 남다른 성공을 거둔 사람들의 삶을 들여다보면 남다른 인내와 노력이 있었음을 알 수 있습니다. 노력하지 않고 인내하지 않았는데도 승리하고 성공한 사람은 그 어디에도 없습니다. 우리가 힘들고 어려울 때 이 '무인 불승'이라는 말을 꼭 기억하고 인내할 수 있기를 바랍니다.

우리의 삶과 신앙생활은 장거리 마라톤 경주와 같은 것이기 때문에 인내가 요구됩니다. 힘들고 어려운 일을 만나더라도 인내해야 하는 이유가 있습니다. 인내하면 반드시 따라오는 결과가 있습니다. 첫째로, 인내하면 반드시 기억해 주십니다(살전 1:3, 4). 둘째로, 인내하면 반드시 응답해 주십니다(히 6:13-15). 셋째로, 인내하면 반드시 축복해 주십니다(약 5:10-11) . 힘든 일이 있더라도 우리 모두 인내하시기 바랍니다.

준행의 결과
(레 26:3-13)

그동안 대통령 선거에 출마한 후보자들이 내걸었던 슬로건을 보면 '가족 행복시대'를 열겠다고 했고, '국민 성공시대'를 열겠다고 했습니다. 그들이 말하는 대로 가족이 행복하고 국민이 성공하는 시대가 열리기를 기대했지만 지금의 현실은 전혀 그렇지 못합니다. 사방으로 우겨 쌈을 당한 것처럼 우리를 불안하게 하고 걱정하게 하는 일들만 가득합니다.

미국의 경제 잡지인 포브스(Forbes)가 세계적인 억만 장자들의 명단을 발표했습니다. 그중에는 이름이 익숙한 빌 게이츠를 비롯해서 홍콩의 억만장자 리카 싱, 일본의 억만장자 히로시 야마우치, 호주의 억만장자 마이클 블룸버그 등 그야말로 세계적으로 유명한 부자들의 이름이 올라 있습니다. 그런데 중요한 것은 "행복합니까?"라는 질문에 그렇지 못하다는 것입니다. 가정 문제로, 자녀 문제로, 건강 문제로 어려움을 겪거나, 아니면 도덕적인 문제로 따가운 눈총을 받는 이들도 있습니다.

포브스지는 그들을 가리켜서 세계적인 부자들이라고 했지, 세계적으로 행복한 사람들이라고 하지 않았습니다. 그것을 보면 인생의 행복은

돈이 많거나 재산이 많은데 있는 것이 아닌 것을 알 수가 있습니다. 그렇다면 우리가 행복한 인생을 살기 위해서 새로운 접근 방법을 추구할 필요가 있습니다. 성경은 행복을 위한 새로운 접근 방법이 바로 하나님의 말씀을 준행하는 것이라고 자신 있게 말씀하고 있습니다.

  하나님의 말씀을 준행하면 삶이 행복해지고, 하나님의 말씀을 준행하면 인생을 성공합니다. 말씀을 준행하는 자에게 어떤 일들이 주어지는지 귀를 기울여 보시기 바랍니다. 첫째는, 하나님의 말씀을 준행하면 물질의 축복을 주십니다(3-5). 둘째는, 하나님의 말씀을 준행하면 삶의 평안을 주십니다(6-10). 셋째는, 하나님의 말씀을 준행하면 친히 함께해 주십니다(11-13). 그러므로 하나님의 말씀을 표준이 되고 기준이 되는 줄 알고 준행하는 삶을 사시기 바랍니다.

최선의 결과
(막 2:1-12)

유럽에서 가장 높은 산인 〈코카서스〉산에 얽힌 이야기가 있습니다. 그 산은 너무 높아서 언제나 구름이 봉우리를 가리고 있습니다. 용감한 독수리 한 마리가 그 산을 정복하겠다고 결심을 하고 날아올랐지만 여러 차례 실패를 하고 말았습니다. 천신만고(千辛萬苦) 끝에 드디어 독수리가 그 산 꼭대기에 오르는데 성공을 했습니다. 정상에 오른 독수리는 대단한 성취감에 젖어서 자신의 자랑스러운 날개를 활짝 뻗으면서 기뻐하고 있었습니다.

그때 거미 한 마리가 나뭇가지에 거미줄을 치면서 낄낄대며 웃고 있는 것이었습니다. 독수리는 속으로 '아니 저 거미가 여기까지 어떻게 올라왔지?'하고 생각을 했습니다. 그러자 거미가 독수리를 바라보면서 말하기를 "너는 여기까지 죽을 고생을 하면서 올라왔지만 나는 네 날개 아래 붙어서 하나도 힘을 들이지 않고 올라 왔단다!"하면서 독수리를 놀리는 것이었습니다. 바로 그때 세차게 불어온 바람에 그만 거미가 산 밑으로 굴러떨어져서 죽고 말았습니다.

이 이야기에 담겨있는 뜻은 바로, "내가 노력하지 않고 얻은 기쁨은 순간에 지나지 않는다."라는 것입니다. 자기가 직접 수고하고 노력해서 얻은 기쁨이라야 오랫동안 누릴 수 있는 것이지, 노력하지 않고 얻은 기쁨은 오래갈 수가 없습니다. 물질도 마찬가지입니다. 자기가 수고하고 노력해서 얻은 것이라야 가치가 있는 것이지 수고하지 않고 불로소득(不勞所得)으로 얻은 물질은 가치가 없고 도리어 해가 될 수도 있습니다. 무엇이든지 땀 흘리고 노력해서 얻은 것이 좋은 것이지만 노력 없이 얻은 것은 별로 좋은 것이 못됩니다.

노력하면 반드시 결과를 얻게 되는 것이 성경의 가르침입니다. 그것도 다같이 함께 노력하면 더 놀라운 결과를 얻을 수가 있습니다. 함께 노력할 때 어떤 결과가 있습니까? 첫째로, 최선을 다하면 기적을 보게 됩니다(막 2:1-5). 둘째, 최선을 다하면 영광을 얻게 됩니다(대하 20:20-23). 셋째로, 최선을 다하면 부흥이 일어납니다(행 6:1-7). 올해 우리 모두 최선을 다합시다.

친절의 결과
(창 24:10-20)

　우리나라의 기업체들이 고객의 마음을 사로잡기 위한 〈마케팅〉구호가 있는데, 그 〈마케팅〉구호가 흐르는 세월에 따라 약간씩 바뀌었습니다. 1970년대는 '고객 우선'이라는 구호를 외치면서 고객 확보 경쟁을 벌였습니다. 1980년대에 와서는 '고객 만족'이라는 구호를 외치면서 고객 확보 경쟁을 벌였고, 1990년대 이후에는 '우선'이나 '만족' 정도로는 부족하다는 인식으로 '고객 감동'이라는 구호를 외치면서 고객 확보 경쟁을 벌이고 있습니다.

　그런 때문인지 고객 감동이라는 구호에 걸맞게 요즘 관공서나 기업체에서 고객을 맞이하는 태도가 그전에 비해 많이 달라졌습니다. 옛날에는 관공서에 볼일이 있어서 가면 아주 고압적인 자세로 고객을 대하였지만 지금은 전혀 그렇지 않습니다. 고객의 입장에서 눈높이를 맞추고 최대한 친절하고 신속하게 민원을 해결해 주려고 합니다. 관공서가 그렇게 친절하기 때문에 일반 기업체들은 정말 고객의 마음을 감동시킬 정도로 친절합니다.

지금은 '무한 경쟁 시대'이기 때문에 친절하지 않으면 살아남을 수가 없습니다. 과거에는 기업체들이 생산된 제품만 상품이라고 생각을 했지만 지금은 소비자들을 대하는 친절한 자세가 더 중요한 상품이라는 인식을 가지고 있습니다. 공무원들도 불친절하면 퇴출을 당하고, 기업체들이 만들어 내는 물건이 아무리 좋은 제품이라도 친절로 고객의 마음을 감동시키지 못하면 제대로 팔리지 않습니다. 치열한 경쟁 시대에 친절이야말로 아주 중요한 상품이고 그 상품을 팔 수 있는 경쟁력입니다.

그리스도인들의 신앙생활에 있어서 아주 중요한 덕목 중에 한 가지가 바로 '친절'이라는 것입니다. 친절은 그리스도인들의 트레이드마크가 되어야 합니다. 첫째로, 친절하면 만남의 축복을 받습니다(창 24:10-20). 둘째로, 친절하면 성취의 축복을 받습니다(왕하 4:8-17). 셋째로, 친절하면 회복의 축복을 받습니다(행 28:7-10). 항상 친절한 모습으로 모든 사람을 상대하시기 바랍니다.

협력의 결과
(출 17:8-16)

  미국의 유명한 희극배우 연예인으로서 쇼 프로의 진행자였던 〈지미 듀란테〉(1893-1980)라는 분이 있습니다. 어느 날 그에게 2차 세계대전에 참전했다가 다친 상이용사들을 위로하는 쇼 프로에 출연해 달라는 요청을 받게 되었습니다. 〈지미 듀란테〉는 쇼 기획자에게 자신의 스케줄이 너무 바쁘기 때문에 단 몇 분 밖에는 출연할 수 없다고 설명을 했습니다. 그래도 너무 인기 있는 그를 쇼 프로에 출연시킬 수 있는 것만으로도 좋겠다고 해서 출연을 하게 되었습니다.

  그런데 막상 무대에 올라가자 이상한 일이 일어났습니다. 짤막한 원맨쇼를 끝내고 내려올 줄을 알았는데 도무지 내려올 생각을 하지 않았고 그의 진행으로 공연장 안에는 청중들의 박수 소리로 가득 찼습니다. 담당자는 그가 왜 그렇게 많은 시간을 할애해서 열심히 쇼 프로를 진행했는지가 궁금했습니다. 약 30분의 긴 시간 동안 쇼를 마치고 내려오는 그에게 담당자가 달려가서 "몇 분 만에 내려올 줄 알았는데 어찌된 일입니까?"라고 물었습니다.

그 말을 들은 〈지미 듀란테〉가 대답하기를, "나도 그럴 생각이었습니다. 그런데 저 무대 맨 앞줄에 앉은 사람들 때문에 그럴 수가 없었습니다." 나중에 보니 맨 앞줄에 앉은 두 사람은 2차 세계대전에 참전을 해서 각각 한쪽 팔을 잃었습니다. 한 사람은 오른쪽 팔을 잃었고, 다른 한 사람은 왼쪽 팔을 잃었습니다. 나란히 앉은 두 사람은 자신들의 남은 한쪽 팔을 서로 부딪치면서 열심히 박수를 치고 있었던 것입니다. 그 모습을 목격한 〈지미 듀란테〉는 큰 감동을 받고 어느 공연 무대에서보다도 더 열심히 쇼 프로를 진행했던 것입니다.

이처럼 협력하는 모습은 아름답습니다. 협력하면 강한 자를 이기고 승리할 수 있습니다(출 17:8-16). 협력하면 어려운 일도 감당할 수가 있습니다(느 4:15-23). 협력하면 실패를 극복하고 일어설 수 있습니다(마 22:1-12). 지금은 어느 때보다 하나 됨이 필요하고 서로 협력이 필요합니다. 우리 모두 협력할 수 있기를 바랍니다.

회개의 결과
(시 32:1-5)

어느 날 한 여학교 기숙사에 도둑이 들어왔습니다. 여학생들을 위협하면서 "너희들이 가지고 있는 중요한 물건들을 다 내놔"라고 하면서 그 방에 값나갈 만한 물건들을 챙겨서 나가려고 하는데 한 여학생이 "아저씨! 중요한 물건을 다 내놓으라고 하면서 왜 중요한 저 책은 안 가지고 가세요?"라고 하면서 자신의 성경책을 건네주었습니다. 도둑은 훔쳐간 물건들을 모아서 내다 팔려고 하는데 다른 물건은 다 사 가는데 그 성경책은 아무도 관심을 갖지 않는 것이었습니다.

'도대체 아무도 안 사가는 이 책이 무슨 중요한 책이란 말인가?'하며 그 책을 시간 나는 대로 넘겨보면서 읽었습니다. 처음엔 도무지 이해가 안 되었지만 그 여학생이 "굉장히 중요한 책인데 왜 안 가지고 가느냐?"라는 말이 귓전을 맴돌아서 계속 반복해서 읽다가 그만 은혜를 받게 되었습니다. 그는 자신의 행실이 얼마나 잘못된 것인지를 깨닫고 철저히 회개하고 예수를 믿었습니다. 그리고 신앙생활을 하다가 하나님의 소명을 받아 신학을 공부하고 목사가 되었습니다.

세월이 흘러 그가 한 교회로부터 부흥회 초청을 받고 가서 말씀을 전하게 되었습니다. 그곳에서 그는 자신이 예수를 믿게 된 동기에 대해서 간증을 하는데 한 중년 부인이 흐느끼면서 울기 시작했습니다. 목사님은 자기의 설교에 은혜를 받고 우는 줄로 생각을 했습니다. 그런데 설교가 끝난 후에 그 중년 부인이 다가와서 자기가 바로 그 기숙사에서 성경책을 건네준 그 여학생이었노라고 하는 말을 듣고 감격을 했다는 것입니다.

　죄는 인생을 망가지게 하지만 회개는 망가진 인생을 회복시킵니다. 죄는 사람을 부패시키는 바이러스라고 한다면 회개는 죄의 문제를 해결하는 백신이기 때문에 사람을 새롭게 합니다. 우리가 죄를 회개할 때 어떤 역사가 있게 되는지 함께 말씀에 귀를 기울여 보시기를 바랍니다. 첫째로, 회개하면 용서의 은혜를 주십니다(시 32:1-5). 둘째로, 회개하면 환경의 축복을 주십니다(대하 7:13-14). 셋째로, 회개하면 성령을 선물로 주십니다(행 2:37-38). 우리 모두 회개의 은혜를 누리시기 바랍니다.

승리의 비결
(삼상 7:3-11)

전쟁 영화를 보다 보면 항상 들을 수 있는 말이 있는데 'D-day'라는 말입니다. 이 말은 곧 공격을 개시하는 '중요한 날' 혹은 '결정적인 날'이라는 뜻입니다. 세계적인 신학자 〈오스카 쿨만〉이 말하기를, 우리 그리스도인들에게는 'D-day'와 'V-day'가 있다고 말했습니다. 'D-day'는 예수그리스도께서 초림하셔서 사단에게 결정적인 패배를 안겨준 날이고, 'V-day'는 예수그리스도의 재림으로 성도들이 완전히 승리하는 날을 가리킵니다.

우리 모든 그리스도인들은 'D-day'와 'V-day'의 중간 시대를 살고 있습니다. 이 두 'Day'사이에 사는 우리가 힘써서 해야 할 일이 있는데 그것은 바로 믿음의 선한 싸움을 싸우는 것입니다. 믿음으로 선한 싸움을 잘 싸우는 사람들이 'V-day'에 승리의 주인공들이 될 수가 있을 것입니다. 성경의 결론이라고 할 수 있는 요한계시록에 보면, 믿음의 선한 싸움을 잘 싸우고 승리하는 자들에게 승리의 면류관을 씌워주신다고 말씀하고 있습니다.

지금 우리가 사는 이 시대는 정신을 바짝 차리지 않으면 신앙이 퇴보하기 딱 좋은 시대입니다. 신앙생활은 하나의 취미생활이 아닙니다. 지옥과 천국이 달린 문제이고, 천국에서 영생의 복락을 누리느냐 지옥에서 고통과 형벌을 받느냐가 달린 문제로서 인생 최대의 급하고 중요한 일입니다. 우리가 믿든 안 믿든 지옥과 천국은 분명히 존재하는 것입니다. 우리가 인정하든 안 하든 예수님을 믿으면 천국에 가고 안 믿으면 지옥에 갑니다. 그러므로 다른 것은 다 소홀히 하더라도 신앙생활만큼은 절대로 소홀히 해서는 안 되는 일입니다.

우리가 반드시 신앙생활을 승리해야 하겠는데 어떻게 하면 승리할 수가 있을까요? 본문 말씀에 그 승리의 비결이 기록되어 있습니다. 첫째로, 영적인 구별은 승리의 비결입니다(3-4). 둘째로, 믿음의 기도는 승리의 비결입니다(5-8). 셋째로, 믿음의 예배는 승리의 비결입니다(9-11). 우리 모두 사탄 마귀와의 영적 전쟁을 승리하고 하나님 앞에 서기를 바랍니다.

CHAPTER 7

TENDING의 최고봉

놀라운 감사
(학 3:16-19)

연세대학교에서 졸업생들을 대상으로 취업 상담을 하시는 교수님이 쓴 글의 내용입니다. 수시로 많은 학생들이 찾아와서 진로에 대해서 취업에 대해서 상담을 받는데, 상담을 받고 돌아가는 학생들이 교수님께 "수고하세요.", "감사합니다."라는 인사말을 남기고 돌아간다고 합니다. 대부분이 "수고하세요." 라는 인사말을 남기고 "감사합니다."라는 인사말을 남기는 학생은 아주 드물다는 것입니다.

그런 모습을 보면서 "감사할 줄 아는 마음이 메말라 가는 것을 단적으로 보여주는 것이 아니겠어요." 라고 했습니다. 상담하든 혹 다른 어떤 일을 하든 헤어질 때 "수고하세요."라는 인사말 보다는 "감사합니다."라는 인사말이 더 정서적으로 아름답게 들리게 됩니다. 상대방에게 감사의 마음을 말로 표현하여 전달할 때 보다 마음이 따뜻해지는 것을 느낄 수 있습니다.

지난 과거 시대에 비해서 훨씬 더 발달하고 편리한 시대를 살면서 온갖 문화적인 혜택을 다 누리고 살면서도 현대인들이 감사하지 못하는 것은 감사의 조건을 상대적인데서 찾으려고 하기 때문입니다. 몸이 건강한 데서 감사의 조건을 찾고, 사업이 잘되는 데서 감사의 조건을 찾고, 기도가 응답되는 데서 감사의 조건을 찾고, 모든 일이 순조롭게 진행되는 데서 감사의 조건을 찾으려고 합니다.

이런 말이 있습니다.

"즐거워야 웃는 것이 아니다. 행복해야 미소 짓는 것이 아니다. 즐겁지 않아도 행복하지 않아도 희망이 보이지 않아도 밝은 표정을 짓는다면 우리의 뇌는 그 표정을 보고 반응할 것이다"

옳은 말입니다. 웃을 일이 없어도 웃다 보면 웃을 일이 생기고, 행복하지 못해도 미소 짓다 보면 뇌의 반응을 따라서 행복하다는 생각을 가지고 살게 됩니다. 하박국 선지자의 감사가 왜 놀라운 감사였을까요? 첫째는, 고통 중에 감사했기 때문이고, 둘째는 없는 중에 감사했기 때문이고, 셋째는, 소망 중에 감사했기 때문입니다. 풍성한 감사로 행복한 인생을 사시기 바랍니다.

대접의 기쁨
(히 13:1-2)

우리나라에서 최고급 호텔하면 롯데호텔을 꼽을 수 있습니다. 그 호텔은 수준이 있는 만큼 전 세계에서 유명한 분들이 많이 이용하고 있습니다. 어느 날 방송에서 그 호텔 총주방장으로 근무하시는 분(이병후씨, 50세)의 일상을 본 적이 있습니다. 총주방장이 되기까지 오랜 세월이 지났고 많은 경력이 있는 분인 만큼 그분이 만드는 요리는 요리라기보다 하나의 예술작품이라는 생각을 할 수가 있었습니다.

취재진이 그에게 질문하기를, 최고급 호텔 총주방장으로서 가장 보람을 느낄 때가 언제냐고 물었습니다. 그의 대답을 한번 예상해 볼 수 있을 것입니다. 유명한 요리사이기 때문에 자신이 만든 예술작품 같은 요리를 손님들이 맛보고 감탄할 때가 아닐까 하고 생각해 볼 수 있을 것입니다. 아니면 최고급 호텔인 만큼 세계적으로 유명한 사람들을 위해서 아주 특별한 음식을 만들 때가 아닐까 하고 생각해 볼 수도 있습니다.

그런데 그의 입에서 나온 대답은 의외였습니다. "한 달에 한 번씩 양로원(養老院)을 방문해서 소박하게 만든 음식으로 어른들을 대접할 때가 가장 기쁘고 보람을 느낍니다."라고 했습니다. 화려한 호텔 요리에 비해서 양로원 음식은 너무 초라하지만 그래도 정성껏 음식을 만들어서 노인들을 대접할 때 너무 기쁘다고 했습니다. 남을 대접하는 것은 참 아름다운 일이고 보람 있는 일입니다. 어떻게 보면 받는 사람보다 하는 사람의 마음이 더 기쁜 것이 바로 대접(待接)하는 것입니다.

성경은 남을 대접하는 것에 대해서 많은 말씀을 하고 있습니다. 서로 대접하는 것이 성경의 가르침일 뿐만 아니라 피차에 기쁨이 되고 서로 대접하는 마음이 풍성할 때 관계가 좋아지고 복을 받을 수가 있습니다. 첫째는, 서로간의 식사 대접은 기쁨이 됩니다(히 13:1-2). 둘째는, 서로간의 인사 대접은 기쁨이 됩니다(잠 15:23). 셋째는, 서로 간의 기도 대접은 기쁨이 됩니다(엡 6:18-19). 사회적으로 메말라 가는 시대에 서로 아름다운 대접으로 기쁨을 누리시기 바랍니다.

보혈의 능력
(출 12:21-28)

옛날 사극 드라마나 전쟁영화를 보면 서로 싸우는 장면이 많이 나오고, 서로 죽이는 장면들이 많이 나옵니다. 칼로 싸우든 총으로 싸우든 서로 싸우다가 칼이나 총에 맞아서 피를 많이 흘리면서 죽습니다. 사람의 몸 안에는 약 5-6리터의 피가 있는데 그 중에 약 30%의 피를 흘리면 생명이 위험해지고 사망에 이르게 됩니다. 그런가 하면 피를 너무 많이 흘려서 죽어가는 사람에게 피를 수혈해 주면 다시 살아납니다.

왜 피를 흘리면 사람이 죽고, 피를 공급해 주면 살아난다는 말은 곧, 피가 곧 생명이라는 말입니다. 하나님께서 피를 먹지 말라고 말씀하신 것은 바로 피가 생명이기 때문입니다. 피를 먹는 것은 곧 생명을 먹는 것이 됩니다. 모든 생명의 주인은 하나님이신데 생명의 근원인 피를 먹고 마시는 것은 하나님의 주권을 침해하는 것이 됩니다. 죄와 허물로 죽었었던 우리가 다시 살아나게 된 것도 예수님께서 피를 흘려주셨기 때문입니다. 다시 말해서 예수님의 피가 우리에게 수혈이 되어서 살아난 것입니다.

성도들이 일 년 중에 예수님이 십자가에서 흘리신 피를 가장 많이 생각하게 되는 때가 바로 이 고난주간일 것입니다. 예수님께서 십자가에서 흘리신 피가 아니었다면 우리가 어떻게 되었을까를 생각할 때 소름이 끼칠 정도로 아찔한 생각이 듭니다. 예수님이 십자가에서 흘리신 그 피를 생각할 때 가슴이 뛰고 감격하지 않을 수가 없습니다. 왜냐하면 그 피 흘리심으로 말미암아 우리가 구원받고 새 생명을 얻었기 때문입니다.

예수님이 십자가에서 흘리신 그 보혈이 얼마나 능력 있는 것인지를 깊이 생각하고 느껴보는 한 주간이 되시기를 바랍니다. 첫째로, 보혈은 구원의 능력이 있습니다(출 12:23). 둘째로, 보혈은 화목의 능력이 있습니다(엡 2:13-14). 셋째로, 보혈은 치유의 능력이 있습니다(벧전 2:24). 십자가 보혈을 힘입어서 구원의 은혜와 화평과 치유의 은혜를 누리시기 바랍니다.

부활의 신앙
(고전 15:50-58)

타종교에 비해서 기독교의 우월성은 부활을 믿는 것입니다. 왜냐하면 윤리적인 가르침이나 도덕적인 가르침에 있어서 별반 다를 바가 없기 때문입니다. 불교에도 나름대로 훌륭한 가르침이 있고 이슬람교에도 좋은 가르침이 있고 유교에도 유익한 가르침이 있기 때문입니다. 그러나 타종교보다 기독교가 우월한 것은 부활을 믿고 구원이 있기 때문입니다.

한국교회 가운데 끊임없는 논쟁거리가 되고 있는 것이 바로 WCC 문제입니다. WCC는 종교다원주의를 지향하는 단체이고 타종교에도 구원이 있다고 주장을 하고 동성애를 인정하고 공산주의를 인정하기 때문에 결코 인정할 수 없고 받아들일 수가 없습니다. 종교다원주의는 비성경적인 사상이고 비복음적인 이념을 가진 단체이기 때문에 인정할 수 없습니다. 구원은 오직 예수그리스의 십자가를 통해서만 가능합니다.

예수님께서 죽은 자 가운데서 부활하셨기 때문에 그를 믿는 자들은 반드시 부활하게 됩니다. 그래서 성경은 성도들의 죽음을 가리켜서 '잠

잔다'라는 표현을 씁니다. 깊은 잠을 자다가 정한 시간이 되면 다시 깨어서 일어나는 것처럼 성도들은 죽더라도 예수그리스도께서 재림하시는 날 부활한다고 성경에 기록되어 있습니다. 죽을 몸이 죽지 않을 몸으로 부활하고 썩을 몸이 썩지 않을 몸으로 부활하게 됩니다. 그러므로 부활은 성도들의 소망입니다.

　우리가 신앙 때문에 박해를 받고 환난을 당해도 낙심하지 않는 까닭은 장차 부활을 확신하기 때문입니다. 우리가 부활을 믿고 부활신앙을 가진 자들이라면 어떤 삶을 살아야 할까요? 첫째는, 주님의 재림을 소망하며 살아야 합니다(51). 둘째는 승리를 보장해 주신 하나님께 감사하며 살아야 합니다(57). 셋째는, 맡은 직분에 충성하며 살아야 합니다(58). 그렇게 살다가 주님 재림하시는 날 부활의 영광에 참예하시기 바랍니다.

한줄기 소망
(시 146:1-5)

영국의 유명한 화가 〈조지 프레드릭 왓츠〉가 그린 〈소망〉이라는 유명한 그림이 있습니다. 그 그림의 내용을 살펴보면, 지구가 있는데 그 지구 위에 한 소녀가 걸터앉아서 하프를 연주하고 있는 모습입니다. 그런데 자세히 보면 그 하프의 줄이 거의 다 끊어지고 단 한 줄만 남아 있는데 그 소녀는 마지막 남은 한 줄을 가지고 열심히 연주를 하고 있습니다. 모든 줄이 정상적으로 다 있어도 연주하기가 어려울 텐데 한 줄이 남은 것으로 연주를 하자니 얼마나 어렵겠습니까? 그 마지막 남은 한 줄의 이름이 바로 〈소망〉이라는 것입니다.

그 그림은 세계적으로 유명한 그림입니다. 그 그림에 담겨있는 메시지가 무엇일까요? 사람이 세상을 살아가는데 있어서 필요한 모든 줄이 끊어질 수가 있습니다. 건강의 줄이 끊어지고 물질의 줄이 끊어지고 인간관계의 줄이 다 끊어지고 광야에 나 홀로 남은 것 같은 상황에 처할 때가 있습니다. 그럴지라도 하나님과 교통할 수 있는 한 가닥 소망의 줄만 있으면 우리는 세상을 살아갈 수가 있고 인생을 노래할 수 있다는 것입니다.

성경이 우리에게 전달하고자 하는 강력한 메시지는 바로 소망입니다. 사자 굴 속에 던져진 〈다니엘〉이 다시 살아날 수 있었던 것은 하나님께 대한 믿음과 소망 때문이었습니다. 다윗이 원수들에게 그렇게 쫓겨 다니면서도 낙심하지 않은 것도 바로 소망 때문이었습니다. 초대교회 성도들이 그렇게 불같은 박해를 받으면서도 당당했던 것도 바로 소망 때문이었습니다. 성경은 구원의 방법을 알려주는 구원의 책이자 소망을 불어넣어 주는 소망의 책입니다.

독일의 대문호 〈괴테〉가 말하기를, "소망이 있으면 행복의 싹은 틀 수 있다"라고 했습니다. 우리는 행복의 싹을 틔우기 위해서 소망을 가져야 합니다. 무엇을 소망하며 살아야 할까요? 첫째로, 주님께 대한 소망으로 살아야 합니다(시 146:3-5). 둘째로, 내일에 대한 소망으로 살아야 합니다(행 27:20-25). 셋째로, 천국에 대한 소망으로 살아야 합니다(벧전 1:3-4). 불행이 닥쳐와도 소망이 있는 한 행복의 싹은 틀 수 있습니다.

눈물의 위로
(고후 1:3-7)

 미국 〈인디애나〉주의 한 시골 마을에서 있었던 일입니다. 그 마을에 사는 열다섯 살 된 〈브라이언〉이란 소년이 '브레인 튜머(Brain Tumor)'라는 병을 앓고 있었습니다. 그 병은 뇌종양과 비슷한 병인데, 그 병을 치료하기 위해서 수술을 받고 방사선 치료를 받아야 했습니다. 방사선 치료를 받으면 그 후유증으로 머리카락이 다 빠지게 됩니다. 〈브라이언〉도 방사선 치료의 후유증으로 머리카락이 다 빠져서 대머리가 되었습니다.
 〈브라이언〉이 기운을 회복해서 학교에 가는 날이 되었습니다. 그가 학교에 온다는 사실을 알게 된 학급 친구들이, 머리카락이 다 빠져서 대머리가 된 친구를 어떻게 맞이할 것인가 의논을 했습니다. 의논을 한 결과 〈브라이언〉이 부끄러워하지 않도록 학급 친구들 모두가 다 〈브라이언〉처럼 머리를 밀기로 했습니다. 〈브라이언〉이 학교에 나오는 그날 아침 담임 선생님과 모든 학생들이 빡빡(?)머리로 앉아 있었습니다. 그 모습을 바라본 〈브라이언〉이 큰 위로와 감동을 받고 울었다고 합니다.
 위로(慰勞)는 바로 그런 것입니다. 헬라어로 위로를 '파라카레오

($παρακαλεω$)'라고 하는데 '내 곁에 계신다' 혹은 '함께 한다'라는 뜻입니다. 고통받는 사람들과 함께하고, 낙심한 사람들과 함께하고, 슬픔 당한 사람들과 함께하는 것이 바로 위로하는 것입니다. 어려움을 당하는 사람에게는 백 마디 말보다도 함께 하는 것 자체가 더 큰 위로가 됩니다. 하나님께서 육신을 입으시고 이 땅에 오셔서 우리와 함께 하심으로 진정한 위로자가 되셨습니다.

경제가 침체되고 사회가 어려울수록 위로받을 사람이 더 많게 됩니다. 하나님의 은혜를 입은 우리가 잊지 말아야 할 일이 있다면 어려움 당하는 형제를 위로하는 것입니다. 첫째로, 위로는 고난을 견디게 합니다(고후 1:6). 둘째로, 위로는 영혼을 소성케 합니다(왕상 19:4-8). 셋째로, 위로는 믿음을 견고케 합니다(살전 3:2-3). 삶의 스트레스로 인하여 지친 영혼들이 많습니다. 서로 돌아보고 위로하며 사시기 바랍니다.

자유의 축복
(요 8:31-36)

1997년 북한의 권력서열 제3위(노동당 국제담당비서)였던 〈황장엽〉씨가 주중 한국 대사관을 통해서 우리나라로 망명을 했습니다. 그 망명 사건은 전 세계적으로 중요한 뉴스거리가 되었습니다. 북한에는 그의 사랑하는 아내와 자녀들과 가족들이 살고 있습니다. 그가 우리나라로 망명함에 따라서 그의 가족들은 말할 수 없는 고초를 겪고 비참한 생활을 하고 있는 것으로 전해지고 있습니다.

그는 북한 권력층의 실세 중 한 사람이었기 때문에 자신이 남한으로 망명할 경우 남아 있는 가족들이 얼마나 비참해지는지를 너무나 잘 알고 있었을 것입니다. 그럼에도 불구하고 그 모든 희생을 감수하면서까지 남한으로 망명을 감행한 이유는 바로 체제의 자유를 누리고 싶었기 때문이고, 너무나 잘못되어 있는 북한의 실상을 전 세계에 알리고 싶어서였습니다. 사랑하는 가족들을 희생하면서까지 그렇게 무모하게 망명한 데 대해서 비판하는 사람들도 있습니다. 그의 행동이 옳았는지는 앞으로 역사가 평가를 할 것입니다.

그의 행동을 통해서 우리가 한 가지 확실한 것을 깨달을 수가 있는데 그것은 바로 '자유의 소중함'입니다. 체제의 자유, 정치적인 자유는 너무나 소중한 것입니다. 그래서 억압이 있는 나라마다 자유를 쟁취하기 위해서 기꺼이 몸을 던지고, 민주화를 위해서 목숨을 바치는 사람들이 많이 있습니다. 자유의 나라에 사는 사람들은 자유의 소중함을 잘 모릅니다. 그러나 억압 속에 사는 사람들은 자유의 소중함을 애타게 목말라 합니다.

그렇게 소중한 정치적인 자유보다 더 필요하고 소중한 자유가 있는데 바로 영적인 자유(신앙의 자유)입니다. 그 영적인 자유에 대해서 알아야 할 내용이 있습니다. 첫째는, 자유를 취하는 방법을 알아야 합니다(요 8:32, 36). 둘째는, 자유를 빼앗기지 않게 지켜야 합니다(갈 2:4). 셋째는, 자유를 누리는 방법을 알아야 합니다(갈 5:13). 하나님이 우리에게 베풀어 주신 소중한 자유를 잘 지키고 누리시기 바랍니다.

전도의 축복
(마 13:31-33)

〈지오반니 파피니〉라는 〈이탈리아〉의 유명한 작가가 있습니다. 그는 본래 철저한 무신론자로서 그의 어머니가 아무리 전도를 해도 받아들이질 않았습니다. 그런 그가 원인을 알 수 없는 병이 들어서 사경을 헤매게 되었는데 사람들이 그의 어머니에게 인육(人肉)을 먹이라고 일러주었습니다. 그 말을 들은 그의 어머니는 자기의 허벅지 살을 잘라서 아들에게 먹였는데 과연 효험이 있어서인지 아들의 병세가 점차 호전(好轉)되기 시작했습니다.

자신의 병세가 호전되는 것을 느낀 아들이 어느 날 어머니에게 그 고기를 한 번 더 먹었으면 좋겠다고 했습니다. 그래서 그의 어머니는 아들 몰래 다른 허벅지 살을 베려고 하다가 그만 동맥을 자르는 바람에 너무 많은 피를 흘려서 정신을 잃고 말았습니다. 그 사실을 알게 된 아들은 자기 어머니를 붙들고 "어머니, 지난번에 제가 먹었던 고기도 어머니의 살이었군요! 저를 살리시려고 어머니의 살을 자르셨군요!"하면서 목을 놓아 울었습니다.

그때 어머니가 아들을 붙들고 이렇게 말을 했습니다. "나는 죄가 많은 몸으로 너를 구했지만 예수님은 죄가 없는 몸으로 우리를 위해서 살이 찢기시고 피를 흘리셨단다. 그러니 너는 반드시 예수님을 믿어야 한다." 그 후에 그는 예수그리스도를 영접하고 훌륭한 그리스도인이 되었습니다. 그리고 자신이 가지고 있던 문학 작가로서의 재능을 가지고 일생 복음을 전파하는데 헌신을 했습니다. 그가 예수그리스도를 전하기 위해서 남긴 작품 가운데 '그리스도의 이야기', '떡과 포도주' 등 많은 작품들이 있습니다.

인내심을 가지고 믿음으로 전도를 하면 반드시 열매를 거두게 됩니다. 구원받은 성도라면 반드시 전도하는데 힘을 써야 합니다. 왜 우리가 전도하는데 열심을 내야 할까요? 첫째로, 전도하면 천국이 확장됩니다(마 13:31-33). 둘째로, 전도하면 교회가 부흥됩니다(행 5:40-42). 셋째로, 전도하면 상급이 저축됩니다(단 12:3). 때를 얻든지 못 얻든지 전도하기를 힘쓰는 여러분이 되시기 바랍니다.

주일의 행복
(겔 46:1-5)

제주도는 4계절이 아름다운 세계적으로 유명한 관광지입니다. 그 제주도에 새로운 관광 명물이 하나 생겼는데 열기구를 타고 하늘을 나는 것입니다. 헬륨가스를 이용해서 열기구를 하늘 높이 날아오르게 해서 아름다운 제주도를 만끽할 수 있게 하는 것입니다. 그 열기구를 프랑스에서 특별 제작을 해서 들여왔고, 예찬항공개발이라는 회사에서 그 관광 상품을 개발하기 위해서 30억 원을 투자했다고 합니다.

그런데 한 가지 특이한 것은 주일에는 그 열기구를 운항하지 않는다고 합니다. 주일에 관광객이 가장 많이 이용을 하기 때문에 주일에 운항을 해야 많은 수입을 올릴 수가 있습니다. 주일마다 열기구 운항할 경우 연간 수입이 약 10억 원에 이른다고 합니다. 그런데 그 열기구 운항을 하는 예찬항공개발 대표가 교회 안수집사님이신데, 온전한 주일성수를 하기 위해서 주일에는 일체 영업을 하지 않는다고 합니다.

주일에 운항을 해서 연간 10억 원의 돈을 벌 것인가? 아니면 온전한 주일성수를 하기 위해서 주일날 영업을 중단할 것인가? 고민을 했지만 결국은 10억 원이라는 수입을 포기하고 주일성수하는 것을 택했다고 합니다. 예찬항공이란 '예수님을 찬양하는 기업'이라는 뜻인데, 예수님을 찬양하는 기업이라면 당연히 돈보다도 주일성수하는 것을 선택해야 한다는 것이 그분의 믿음입니다. 흔히 찾아볼 수 없는 참 대단한 믿음입니다.

　이렇게 신앙생활의 기본은 주일을 성수하는 것입니다. 운동도 기본자세가 잘 되어있어야 하고, 공부도 기본자세가 잘 되어있어야 잘할 수 있는 것처럼, 신앙생활도 기본이 잘 되어 있어야 하는데 그 기본이 바로 주일성수하는 것입니다. 주일을 어떤 날로 지켜야 할까요? 첫째로, 예배하는 날로 지켜야 합니다(겔 46:1-5). 둘째로, 가정적인 날로 지켜야 합니다(출 16:29). 셋째로, 축복받는 날로 지켜야 합니다(사 58:13-14). 믿음으로 주일을 잘 지키시고 행복하시기 바랍니다.

중요한 기억
(눅 16:19-26)

들짐승 중에 노루는 감각이 예민하고 행동이 빠르고 민첩하기로 유명한 동물입니다. 그래서 노루는 자신의 신변에 어떤 위험을 느낄 때 빠른 속도로 달아납니다. 노루가 달아나는 속도가 너무 빠르기 때문에 사냥꾼들이 좀처럼 따라잡을 수가 없습니다. 그런데 노루가 사냥꾼에게 잡히는 까닭은, 기억력이 불과 3초밖에 안되기 때문에 한참 달려가다가 자기가 왜 달려가는지를 잊어버리고 멈춰 서서 주위를 두리번거리다가 사냥꾼에게 잡히고 마는 것입니다.

물고기도 행동이 대단히 빠르고 민첩합니다. 그런데 물고기들이 낚시에 걸리는 이유는 무엇일까요? 그것은 바로 물고기의 지능이 0.4정도밖에 안되기 때문에 기억력이 불과 3초밖에 가지 않습니다. 그래서 불과 3초 전에 있었던 일을 다 잊어버리고 미끼 주위를 뱅뱅 돌다가 낚시에 걸리게 되는 것입니다. 기억력이 감퇴(減退)되어서 자꾸 잊어버리는 것은 분명 좋은 것이 아닙니다. 우리는 기억력이 감퇴하지 않도록 최대한 노력을 해야 합니다.

한국사람 중에 정말 놀라울 정도로 기억력이 뛰어난 분을 보았습니다. 나이가 55세 되신 남자분인데, 서울 광화문에서 버스를 타고 한 블록을 간 다음에 그 한 블록 안에 있는 모든 가게들의 간판을 하나도 틀리지 않고 정확하게 암기를 해서 알아맞히는 것이었습니다. 심지어 지나가는 사람들의 옷차림과 액세서리(accessory)까지도 다 알아맞혔습니다. 그 정도 되면 거의 신기에 가까운 일입니다. 그런데 그 사람의 기억력이 정말 대단하고 놀라운 일이긴 한데, 그런 것을 암기하고 기억하는 것은 별 유익이 없습니다.

우리가 정말 기억해야 할 것들이 있습니다. 평생을 사는 동안 절대로 잊어버리지 말고 기억해야 할 것들이 있습니다. 우리가 꼭 기억해야 할 것들이 무엇일까요? 첫째는, 반드시 죽음이 있음을 기억해야 합니다(눅 16:19-22). 둘째는, 반드시 내세가 있음을 기억해야 합니다(눅 16:22-24). 셋째는, 반드시 심판이 있음을 기억해야 합니다(눅 16:24-26). 이것을 기억함으로 후회없는 인생을 살아가시기 바랍니다.

충성의 보상
(느 9:7-8)

영국 북부에 위치하고 있는 〈리버풀〉에는 영국 제2의 국립미술관인 〈워커〉미술관이 있는데, 그 미술관에는 보는 이들의 마음을 감동시킬 만한 유명한 그림 한 점이 전시되어 있습니다. 그 그림은 바로 〈콘터러〉라는 화가가 그린 '충성'이라는 그림입니다. 이탈리아의 〈베스비우스〉 화산이 폭발을 해서 〈폼페이〉 도시가 화산재와 용암으로 뒤덮이는 장면을 그린 그림입니다. 화산재와 뜨거운 용암이 〈폼페이〉를 향해서 흘러내릴 때 수많은 사람들이 탈출을 하느라고 도시 전체가 아비규환의 현장이 되었습니다.

그런데 그 그림을 관람하는 사람들의 마음을 감동시키는 장면은 바로 그런 아비규환의 혼란 속에서도 성문(城門) 곁에 묵묵히 서있는 한 사람의 모습입니다. 그 사람은 바로 그 성문을 지키는 문지기입니다. 뜨거운 용암이 강물처럼 흘러내리고 화산재가 우박처럼 쏟아져 내리는 그런 절체절명의 위급한 상황 속에서도 자신의 맡은 일인 성문을 지키는 일에 충성을 다하는 자세로 죽음을 기다리는 모습입니다.

그 한 폭의 그림을 통해서 충성(忠誠)이 과연 어떤 것인지를 깨달을 수가 있습니다. 어떤 어려운 일이 닥쳐와도 서 있어야 할 그 자리에 서 있는 것이 바로 충성입니다. 아무리 손해를 보더라도 내게 맡겨진 일을 묵묵히 감당하는 것이 바로 충성입니다. 모든 사람들이 환경에 따라서 요동을 치더라도 내 자리를 지키는 것이 바로 충성입니다. 충성은 너무나 귀한 것이기 때문에 하나님은 반드시 충성하는 자를 기억하시고 복을 주십니다.

오늘날 신자들은 충성 없는 신앙생활을 당연하게 여기고 있습니다. 충성 없는 신앙생활은 형식에 그칠 뿐입니다. 하나님은 충성을 요구하시고 충성하는 자에게 반드시 복을 주신다고 약속하십니다. 첫째로, 충성하면 자손이 복(福)을 받습니다(느 9:7-8). 둘째로, 충성하면 상(床)을 받습니다(마 25:23). 셋째로, 충성하면 관(冠)을 받습니다(계 2:10). 우리 모두 충성하는 신앙생활 하시기 바랍니다.

침묵의 유익
(수 6:8-11)

〈침묵이 좋은 몇 가지 이유〉라는 글을 읽었습니다. 침묵은 하나님의 임재로 나아가는 것을 도와줍니다. 침묵은 입에서 나오는 거친 말을 예방합니다. 침묵은 후회할 말들을 하지 않도록 도와줍니다. 침묵은 다른 사람의 말을 들어 줄 수 있게 합니다. 침묵은 언제든지 무슨 일을 하든지 바로 기도하게 해줍니다. 침묵은 하나님의 음성을 듣게 합니다. 심지어 침묵은 당신이 무식하다는 것을 사람들이 눈치채지 못하게 합니다.

'웅변은 은이요 침묵은 금이다'라는 말이 있습니다. 말을 잘하는 것보다 침묵하는 것이 훨씬 더 무게가 있고 가치가 있다는 말입니다. 인간 공동체에서의 모든 문제들은 다 말 때문에 발생합니다. 우리나라 조선시대 연산군은 모든 신하들에게 '구시화지문 설시참신도(口是禍之門 舌是斬身刀)' 즉 이 말은 '입은 화를 초래하는 문이요, 혀는 몸을 베는 칼이다'라는 뜻으로 왕은 이 글이 새겨진 목패(木牌)를 목에 걸고 궁중 출입을 하도록 엄명을 했다고 합니다. 그만큼 말로 인하여 조정에 혼란한 일들이 많이 일어났기 때문에 예방 차원에서 그런 조치를 내린 것입니다.

하나님께서 사람의 이목구비(耳目口鼻)를 만드실 때 눈도 귀도 두 개씩 을 만들어 주신데 반해서 입은 한 개만을 만들어 주셨습니다. 그것은 바로 보는 것과 듣는 것에 비해서 말을 조금씩 하라는 뜻이고, 꼭 필요한 말만 하면서 살라고 하신 의도입니다. 그런데 하나뿐인 입으로 너무 많은 말을 하고 너무 불필요한 말을 하려다 보니까 오해가 생기고, 문제가 생기고, 시끄럽고 혼란한 일들이 많이 발생하는 것 같습니다.

많은 말을 해도 될 때가 있지만 지금은 우리가 말을 절제하고 침묵해야 할 때라고 생각됩니다. 왜 침묵이 필요하고 유익한 것일까요? 첫째는, 침묵은 질서유지의 비결입니다(수 6:10). 둘째는, 침묵은 지혜로운 삶의 비결입니다(잠 17:28). 셋째는, 침묵은 원수를 대적하는 비결입니다(사 53:7). 사회적으로 혼란한 일이 많은 이때 침묵하며 잠잠히 하나님을 바라보는 사람이 되시기 바랍니다.

화목의 능력
(잠 17:1)

　이솝 우화에 '세 마리의 소와 사자'에 관한 이야기가 있습니다. 어느 시골 농가에 검은 소, 붉은 소, 얼룩소 세 마리가 살고 있었습니다. 그런데 이 세 마리의 소는 유난히 사이가 좋아서 어딜 가든지 항상 함께 다녔습니다. 마침 근처에 사자가 그 소를 잡아먹고 싶어서 매일같이 기회를 엿보지만 세 마리의 소가 함께 다니면서 사자가 덤벼들면 함께 힘을 합쳐서 대항을 하기 때문에 잡아먹을 수가 없었습니다.

　하루는 풀밭에 얼룩소가 따로 떨어져 있는 것을 보고 사자가 가까이 다가가서 말하기를 "붉은 소가 그러는데 세 마리의 소 가운데 가장 힘센 소는 자기라고 하면서 뽐내더라."라고 말을 했습니다. 그 말을 들은 얼룩소가 기분이 좋지 않았습니다. 그 다음에 사자가 붉은 소에게 다가가서 "얼룩소가 그러는데 세 마리 소 가운데 가장 힘센 소가 자기라고 하면서 뽐내더라."라고 말을 했습니다. 그 말을 들은 붉은 소 역시 기분이 불쾌했습니다. 사자의 말을 들은 세 마리의 소는 서로 기분이 나쁘고 화가 나서 크게 싸움을 하게 되었습니다.

그날부터 세 마리의 소는 함께 다니지 않고 따로따로 다녔습니다. 결국 세 마리의 소들은 다 사자에게 잡아먹히고 말았습니다. 이 우화에 담겨있는 뜻은, 화목하지 못하고 마음이 나뉘고 관계가 깨지면 큰 어려움을 당하게 된다는 것을 말해주고 있습니다. 영국의 속담에 "지푸라기가 많으면 코끼리도 묶을 수 있다"라고 했습니다. 약할지라도 서로 화목하고 힘을 합하면 큰일도 능히 감당할 수가 있다는 의미입니다.

우리의 삶 속에서 화목은 꼭 필요한 것이고 참 좋은 것입니다. 화목하지 못한 삶을 산다는 것은 참 불행한 일입니다. 특히 우리의 삶 속에서 어떤 관계가 화목해야 할까요? 첫째로, 가족 간에 서로 화목해야 합니다(잠 17:1). 둘째로, 교인 간에 서로 화목해야 합니다(살전 5:12-13). 셋째로, 이웃 간에 서로 화목해야 합니다(막 9:50). 각박한 시대에 배려와 섬김으로 서로 화목하시기 바랍니다.

성탄의 목적
(창 3:22-24)

2년 전 22대 대통령 선거를 목전에 두고 있던 적이 있었습니다. 여러 명의 후보자들이 서로 대통령이 되겠다고 출사표를 던졌고, 국민들은 과연 누구를 지지하고 대통령으로 뽑을 것인가 초미의 관심사가 된 적이 있습니다. 대통령직은 그 나라의 최고 권력이고 국가의 수반이 되는 것입니다. 우리나라처럼 대통령제 국가에서 대통령에게 부여되는 권력은 막강하고 또, 대통령이 누리는 혜택이 엄청납니다.

어느 나라든지 대통령이 되려고 하는 사람은 많은데 대통령의 자리에서 스스로 내려오려고 하는 사람은 보지 못했습니다. 재임 기간 중에 잘못을 한 것 때문에 자리에서 강제로 물러난 사람은 종종 있지만 스스로 대통령의 자리를 내려놓은 사람은 아직 없습니다. 누구든지 권력을 잡는 것도 쉽지 않지만 스스로 권력을 반납하는 것이 쉽지 않고, 스스로 높은 자리에서 내려오는 것이 쉽지 않습니다.

그런데 우리 예수님께서는 전혀 다른 모습을 보여주셨습니다. 그는 본래 하나님과 동등된 분이신데 그 높고 영광스러운 보좌를 버리시고 인간의 낮고 천한 모습으로 오셨습니다. 인간의 모습으로 오신 것만으로 그치지 않으시고 십자가에 못 박혀서 죽으시고 장사지낸 바 되셨습니다. 예수님의 낮아지심은 누구도 흉내낼 수 없는 놀라운 일입니다. 그렇게 낮아지신 예수님을 결국은 하나님의 영광의 우편 보좌에 앉게 해주셨습니다.

   우리 하나님은 결코 목적이 없는 일을 행하시지 않습니다. 그렇다면 예수님께서 높은 보좌를 버리시고 사람의 모양으로 성탄하신 목적이 무엇입니까? 첫째는 우리의 영생을 위해서입니다(22절). 둘째는, 우리의 행복을 위해서입니다(23절). 셋째는 우리의 회복을 위해서입니다(24절). 예수 그리스도 안에 영생이 있고, 인생의 행복이 있고, 하나님과의 회복이 있습니다. 그러므로 성탄절은 더없는 기쁨의 날입니다.